妖怪は今でもいる!?
もしものときの
妖怪
たいさくマニュアル
家や街にあらわれる妖怪たち

家《いえ》や街《まち》の中《なか》でも安心《あんしん》できない？

妖怪《ようかい》は、海《うみ》、川《かわ》、山《やま》、森《もり》、野原《のはら》といった場所《ばしょ》にすんでいると思《おも》われがちだ。

たしかに、妖怪《ようかい》を見《み》た人《ひと》や、妖怪《ようかい》のしわざと考《かんが》えられる不思議《ふしぎ》な体験《たいけん》をした人《ひと》の話《はなし》は、さびしい水辺《みずべ》や森《もり》の中《なか》など、あまり人《ひと》のいない、自然《しぜん》が多《おお》く残《のこ》る土地《とち》でのことが多《おお》い。

でも、妖怪《ようかい》はどこにでもいる。

たとえ人間《にんげん》が密集《みっしゅう》する都会《とかい》だろうと、ふとしたひょうしに妖怪《ようかい》はひょっこりと姿《すがた》をあらわすし、狐《きつね》や狸《たぬき》のように、人《ひと》をおどろかしてよろこぶ妖怪《ようかい》も、人里《ひとざと》をウロウロしている。

学校《がっこう》や家《いえ》の中《なか》だって、好《この》んですみつく妖怪《ようかい》がいるんだよ。

そもそも、街《まち》や建物《たてもの》の中《なか》には、妖怪《ようかい》がかくれやすい場所《ばしょ》が、たくさんある。

せまくて暗《くら》い路地《ろじ》、神社《じんじゃ》や寺《てら》の森《もり》、公園《こうえん》のすみのやぶ、それから手入《てい》れをされない空《あ》き家《や》や、ふだんはあまり行《い》かない物置《ものおき》……。

妖怪《ようかい》たちは、昼間《ひるま》はあまり出《で》てこないけれど、そうした場所《ばしょ》に身《み》をひそめて、人前《ひとまえ》に姿《すがた》をあらわすチャンスをうかがっているんだ。

「街《まち》とか家《いえ》の中《なか》にまで妖怪《ようかい》があらわれたら、安《あん》心《しん》していられない！」

――なんて思《おも》う人《ひと》もいるだろう。

安心《あんしん》してほしい。

この本《ほん》には、街《まち》、人里《ひとざと》、家《いえ》の中《なか》で妖怪《ようかい》に出会《であ》ってしまった人《ひと》の体験談《たいけんだん》と、出会《であ》ったときのための対策《たいさく》が書《か》いてある。

対策《たいさく》を知《し》っていれば、妖怪《ようかい》とバッタリ出《で》くわしたとしても、パニックにならないですむはずだ。

それから、街《まち》や建物《たてもの》には、本来《ほんらい》なら水辺《みずべ》や山《やま》にいる妖怪《ようかい》もやってくることがある。

そういう妖怪《ようかい》への対策《たいさく》は、「海《うみ》や水辺《みずべ》にあらわれる妖怪《ようかい》」と、「山《やま》にあらわれる妖怪《ようかい》」に書《か》いてあるから、そちらも読《よ》んでおくと、より完《かん》ぺきな対策《たいさく》が練《ね》られるよ！

妖怪探訪家　村上健司

もくじ

座敷《ざしき》わらし

東北地方《とうほくちほう》の旧家《きゅうか》にすみつく妖怪《ようかい》・座敷《ざしき》わらし。座敷《ざしき》わらしがいる家《いえ》は幸運《こううん》にめぐまれ、そこに泊《と》まった人《ひと》まで幸《しあわ》せにしてくれるという。そんな福《ふく》の神《かみ》みたいな妖怪《ようかい》が、ホントにいるのかな!?

座敷わらし

ざしきわらし

ケース1　東京都《とうきょうと》のRさんの体験《たいけん》

東北《とうほく》に、座敷《ざしき》わらしが出《で》ることで有名《ゆうめい》な宿《やど》がある。

たまたまその宿《やど》に泊《と》まった、イラストレイターのRさんは、そこでとても不思議《ふしぎ》な体験《たいけん》をしたというよ。

それは、食堂《しょくどう》のテーブル席《せき》で、晩《ばん》ご飯《はん》を食《た》べているときのこと。

テレビを見《み》ながら食事《しょくじ》をしていると、足元《あしもと》をスッと猫《ねこ》が通《とお》り過《す》ぎた。

宿《やど》で飼《か》っている猫《ねこ》かと思《おも》って、すぐにテーブルの下《した》を見《み》る。

でも、足元《あしもと》にはなにもいない。

たしかに猫《ねこ》がいたはずなのに……。

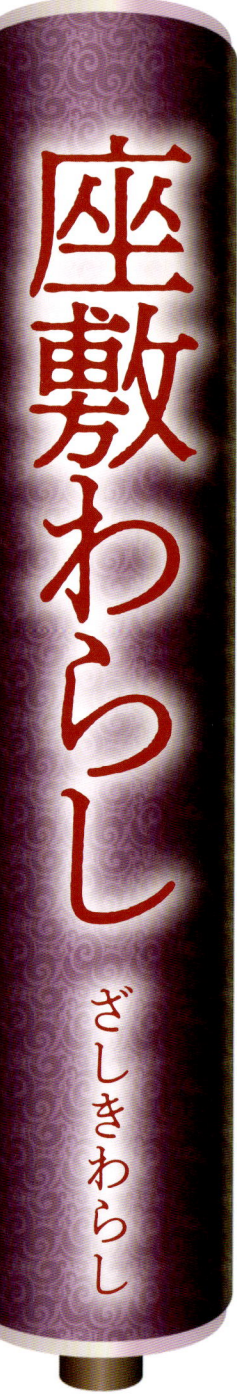

思《おも》わず辺《あた》りをキョロキョロするRさん。

すると宿《やど》の人《ひと》は、笑《わら》いながら、こんなことを教《おし》えてくれた。

「それ、座敷《ざしき》わらしですよ」

このほかにも、宿《やど》では奇妙《きみょう》なことが立《た》て続《つづ》けにおきた。

部屋《へや》でくつろいでいると、だれもいないのに部屋《へや》の入《い》り口《ぐち》でコソコソという音《おと》がしたり、夜中《よなか》には、座敷《ざしき》わらしへのプレゼントとして置《お》かれ

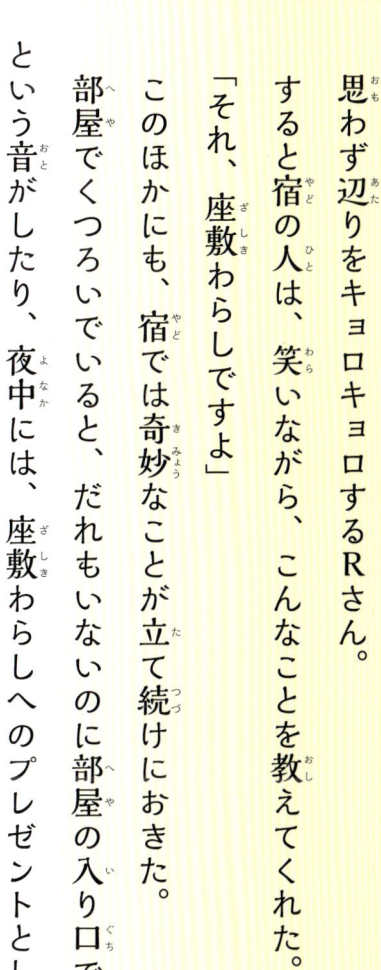

たオモチャが、電池《でんち》も入《はい》っていないのにとつぜん音《おと》を出《だ》したり……。

少《すこ》しこわくなったRさんは、ずっとおきていようと思《おも》って、部屋《へや》の明《あ》かりを点《つ》けたままにしていた。

でも、いつの間《ま》にか寝《ね》てしまい、気《き》がつくと、もう朝《あさ》だったそうだ。

宿《やど》の人《ひと》の話《はなし》では、この宿《やど》の座敷《ざしき》わらしは、丸《まる》い玉《たま》のような姿《すがた》をしていて、布団《ふとん》にのったり、足元《あしもと》を通《とお》ったりするという。

それから、オモチャが好《す》きなのか、こわれたオモチャほど、よく鳴《な》ったり動《うご》いたりするんだって！

こうしたアピールは、座敷《ざしき》わらしが気《き》に入《い》った人《ひと》にだけするらしく、そういう人《ひと》には、小《ちい》さな幸《しあわ》せをもたらしてくれるというよ。

Rさんも、この宿《やど》に泊《と》まってからは、仕事《しごと》が増《ふ》えたというから、きっと座敷《ざしき》わらしに気《き》に入《い》られたんだね！

座敷《ざしき》わらしってどんな妖怪《ようかい》？

東北《とうほく》の古《ふる》い家《いえ》にすみつく、子《こ》どもの姿《すがた》をした妖怪《ようかい》、座敷《ざしき》わらし。あまり姿《すがた》をあらわすことはなく、物音《ものおと》や気配《けはい》で、その家《いえ》にすみついていることが分《わ》かるんだ。逆《ぎゃく》に、姿《すがた》をあらわすときは、もうその家《いえ》から出《で》て行《い》くときだともいわれている。

座敷《ざしき》わらしがいる家《いえ》は裕福《ゆうふく》になるけれど、それがいなくなると、とたんに貧乏《びんぼう》になってしまうというから、一種《いっしゅ》の福《ふく》の神《かみ》なんだろう。

ただ、気《き》に入《い》らない人《ひと》が家《いえ》に来《く》ると、寝《ね》ているときに布団《ふとん》を引《ひ》っ張《ぱ》ったり、胸《むね》の上《うえ》にのって苦《くる》しめたりして、追《お》い出《だ》そうとする。こういうところは、妖怪的《ようかいてき》といえるね。

それから、座敷《ざしき》わらしにもいろいろと種類《しゅるい》があって、夜中《よなか》に土間《どま》から出《で》てきては、座敷《ざしき》をはい回《まわ》るだけの、気味《きみ》の悪《わる》い座敷《ざしき》わらしもいる。こういうタイプの座敷《ざしき》わらしは、福《ふく》の神《かみ》としての力《ちから》はないみたいだよ。

もしもにそなえて覚《おぼ》えておこう！

妖《よう》怪《かい》データと対《たい》策《さく》

座敷わらし

出没度《しゅつぼつど》	50
出没地域《しゅつぼつちいき》の広《ひろ》さ	30
姿《すがた》の見《み》えやすさ	40
攻撃性《こうげきせい》	20
友好度《ゆうこうど》	40
対策難易度《たいさくなんいど》	50

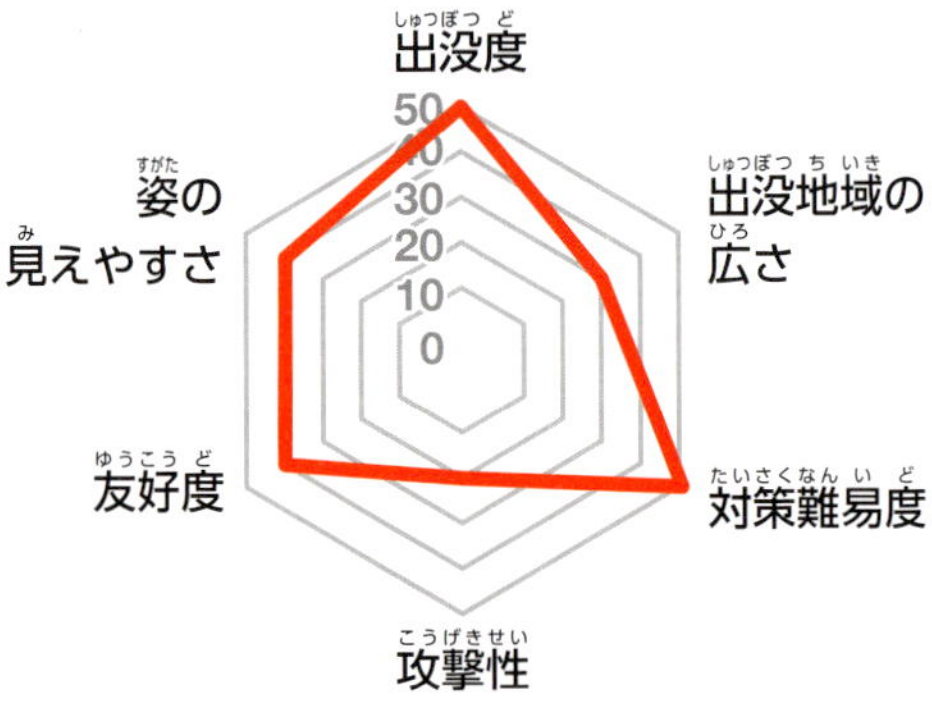

特《とく》徴《ちょう》

別名《べつめい》　座敷《ざしき》ぼっこ（岩手県《いわてけん》）、御蔵《おくら》ぼっこ（岩手県《いわてけん》）、チョウピラコ（岩手県《いわてけん》）、ノタバリコ（岩手県《いわてけん》）、二階《にかい》わらし（岩手県《いわてけん》）など、たくさん。

姿《すがた》の特徴《とくちょう》　幼児《ようじ》から十歳《じゅっさい》くらいの子《こ》ども姿《すがた》といわれている。男《おとこ》の子《こ》も女《おんな》の子《こ》もいて、手《て》だけしか見《み》せない場合《ばあい》もあるよ。

ふるまい　家《いえ》や人《ひと》に幸運《こううん》を授《さず》ける。気《き》にくわない人《ひと》へはイタズラをする。ところによっては、部屋《へや》をはいずりまわるだけのものもいる。

出没場所《しゅつぼつばしょ》・時間《じかん》

出没地域《しゅつぼつちいき》　岩手県《いわてけん》を中心《ちゅうしん》とした東北地方《とうほくちほう》。

出没場所《しゅつぼつばしょ》　家《いえ》の中《なか》。町《まち》を出歩《である》くことも。

出没時間《しゅつぼつじかん》　昼《ひる》も夜《よる》も関係《かんけい》なく出現《しゅつげん》するけど、目撃例《もくげきれい》では夜《よる》が多《おお》い。

対策《たいさく》はこれだ!!

◎座敷《ざしき》わらしに出会《であ》うには？　もっともいい方法《ほうほう》は、Rさんのように、座敷《ざしき》わらしがいる宿《やど》に泊《と》まること。

　東北地方《とうほくちほう》には、座敷《ざしき》わらしが出《で》るとウワサされる宿《やど》がいくつかある。調《しら》べれば、見《み》つかるはずだ。ただし、そういう宿《やど》は人気《にんき》が高《たか》く、予約《よやく》が取《と》りにくいので、半年先《はんとしさき》、一年先《いちねんさき》と、気長《きなが》に計画《けいかく》を立《た》ててみよう。

◎運《うん》よく泊《と》まることができたら　純粋《じゅんすい》に、座敷《ざしき》わらしに会《あ》いたい！　とか、座敷《ざしき》わらしと遊《あそ》びたい！　という気持《きも》ちでいよう。その気持《きも》ちが伝《つた》わって、座敷《ざしき》わらしが姿《すがた》をあらわすかもしれないよ！

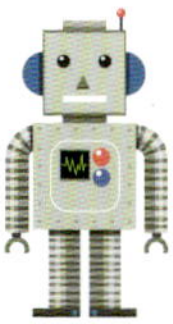

有効《ゆうこう》なアイテム

オモチャ　座敷《ざしき》わらしはオモチャが好《す》きらしい。とくに電池《でんち》で動《うご》いたり音《おと》が鳴《な》ったりするオモチャに関心《かんしん》があるようだ！

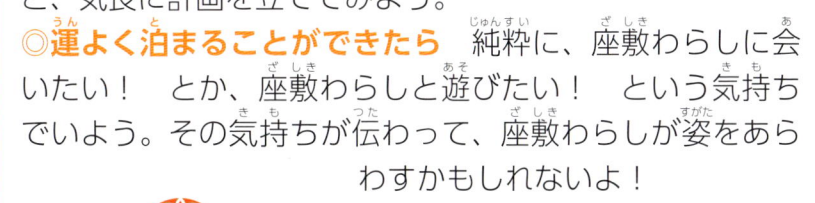

座敷《ざしき》わらしのなかまは全国《ぜんこく》にいる!?

座敷《ざしき》わらしは東北《とうほく》の妖怪《ようかい》だ。でも、座敷《ざしき》わらしのような、家《いえ》にすみつく子《こ》どもの妖怪《ようかい》というのは、じつは全国《ぜんこく》各地《かくち》にいるんだよ。

いくつかあげてみると……。

静岡県《しずおかけん》と愛知県《あいちけん》の山《やま》の方《ほう》には、座敷小僧《ざしきこぞう》とか座敷坊主《ざしきぼうず》とよばれる妖怪《ようかい》が伝《つた》わっている。五《ご》～十歳《じゅっさい》くらいの子《こ》どもの姿《すがた》で、夜《よる》、寝《ね》ている人《ひと》をおさえつけて苦《くる》しめたり、枕《まくら》をどこかへ移動《いどう》させたりするというんだ。

愛知県新城市横川《あいちけんしんしろしよこがわ》の、とある家《いえ》にいた座敷小僧《ざしきこぞう》は、福《ふく》の神《かみ》のような力《ちから》があったみたいで、いなくなったとたん、家《いえ》が貧乏《びんぼう》になってしまった、という話《はなし》がある。

それから、愛媛県西条市《えひめけんさいじょうし》の古《ふる》い家《いえ》にも、赤《あか》シャグマという小《ちい》さな子《こ》どもの妖怪《ようかい》がすみつくことがあるという。人《ひと》が寝静《ねしず》まったころになるとさわぎだして、翌日《よくじつ》のために作《つく》っておいた弁当《べんとう》のおかずを、食《た》べちゃうなんて悪《わる》さをするんだ。

このほかにも、北海道《ほっかいどう》のアイヌカイセイ、愛媛県《えひめけん》の小坊主《こぼうず》、香川県《かがわけん》のオショボ、沖縄県《おきなわけん》のアカガンターなんて妖怪《ようかい》が、座敷《ざしき》わらしのなかまではないかと、考《かんが》えられているよ。

化《ば》け猫《ねこ》

長生《ながい》きしたり、深《ふか》いうらみを残《のこ》して死《し》んだりした猫《ねこ》は、化《ば》け猫《ねこ》になることがある。もし、かわいがっていた猫《ねこ》が化《ば》け猫《ねこ》になったら、どんなことをするんだろう？

化け猫

ばけねこ

ケース2　東京都《とうきょうと》のSさんの体験談《たいけんだん》

東京都《とうきょうと》の主婦《しゅふ》、Sさんの実家《じっか》では、昔《むかし》、猫《ねこ》を飼《か》っていたそうだ。

名前《なまえ》はミイ。とてもかわいらしい猫《ねこ》だった。

もともとは近所《きんじょ》の野良猫《のらねこ》で、Sさんが幼《おさな》いころに、勝手《かって》にすみついた猫《ねこ》だったという。

やがてSさんが高校生《こうこうせい》になると、さすがにミイも年《とし》をとり、ごはんのとき以外《いがい》は、寝《ね》てばかりになってしまった。

そんなある夜《よる》、受験勉強《じゅけんべんきょう》をしていると、ミイが部屋《へや》にやってきた。

そのころのミイは、あまり二階《にかい》までは来《こ》なかったから、Sさんは少《すこ》し

だけうれしかった。

ミイはニャアとひと声《ごえ》だけ鳴《な》くと、部屋《へや》のすみでゴロンと横《よこ》になった。

遊《あそ》びたいわけではなさそうなので、Ｓさんは勉強《べんきょう》を続《つづ》ける。

すると……。

「――じゃあね」

とつぜん、声《こえ》が聞《き》こえた。

「えっ？」

はじめは一階《いっかい》にいる母親《ははおや》かと思《おも》ったけれど、声《こえ》はあきらかに部屋《へや》の中《なか》で聞《き》こえた。

でも、部屋《へや》の中《なか》には、うす目《め》をあけてSさんの方《ほう》をじっと見《み》ているミイしかいない。

Sさんは、気《き》のせいかなと、とくに気《き》にしないでいたんだけれど……。

その日《ひ》を境《さかい》に、ミイはいなくなってしまった。

家《いえ》の中《なか》や近所《きんじょ》をいくらさがしても、見《み》つからなかったという。

「家族《かぞく》はだれも信《しん》じませんでしたけど、あのときの声《こえ》は、ミイの別《わか》れの言葉《ことば》だったと思《おも》うんです」

そんな思《おも》い出《で》があるので、現在《げんざい》のSさんは、飼《か》っている猫《ねこ》に、「ふだんからしゃべっていいよ」と、いつもいい聞《き》かせているんだって。

化《ば》け猫《ねこ》ってどんな妖怪《ようかい》？

化《ば》ける・化《ば》かすといった能力《のうりょく》をはじめ、死体《したい》に取《と》りついて動《うご》かす、火《ひ》の玉《たま》になって家《いえ》の中《なか》を飛《と》びまわる、手拭《てぬぐ》いをかぶって広場《ひろば》で踊《おど》る……なんて、ふつうの猫《ねこ》にはない能力《のうりょく》を身《み》につけた猫《ねこ》を、化《ば》け猫《ねこ》というよ。

化《ば》け猫《ねこ》には、二《ふた》つのタイプがある。その一《ひと》つが、長生《ながい》きをすることであやしい能力《のうりょく》を身《み》につけたタイプ。とくに尻尾《しっぽ》の先《さき》が二《ふた》つに分《わ》かれるまで長生《ながい》きした猫《ねこ》は、昔《むかし》は猫《ねこ》またなんて名前《なまえ》でよばれていたんだよ。

このタイプは、こわいのもいるけれど、かわいがられていた猫《ねこ》の場合《ばあい》は、立《た》ち去《さ》るときのあいさつや、恩返《おんがえ》しをすることが多《おお》いのが特徴《とくちょう》だ。

そしてもう一《ひと》つは、人間《にんげん》にいじめ殺《ころ》された猫《ねこ》が、復讐《ふくしゅう》をするため化《ば》け猫《ねこ》になるタイプ。

こちらの化《ば》け猫《ねこ》は恨《うら》みのかたまりなので、祟《たた》りはもちろん、人間《にんげん》を見《み》ればおそいかかる、おそろしい妖怪《ようかい》なんだよ。

もしもにそなえて覚《おぼ》えておこう！

妖怪《ようかい》データと対策《たいさく》

化《ば》け猫《ねこ》

出没度《しゅつぼつど》	50
出没地域《しゅつぼつちいき》の広《ひろ》さ	50
姿《すがた》の見《み》えやすさ	40
攻撃性《こうげきせい》	40
友好度《ゆうこうど》	40
対策難易度《たいさくなんいど》	40

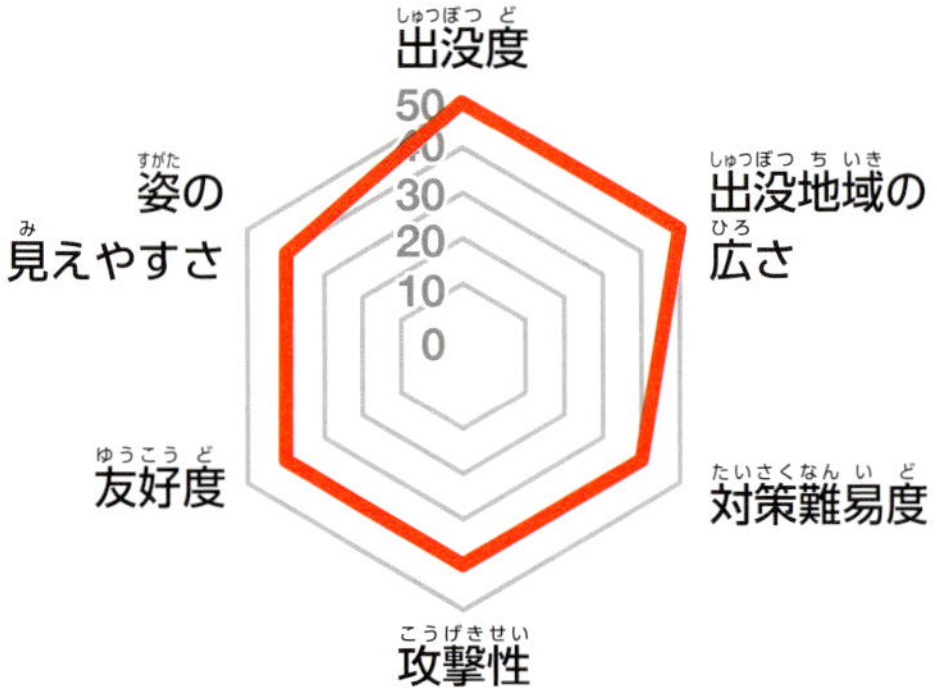

特《とく》徴《ちょう》

別名《べつめい》 猫《ねこ》またともよばれることがある。

姿《すがた》の特徴《とくちょう》 ふつうの猫《ねこ》のことが多《おお》いけれど、長《なが》く生《い》きた猫《ねこ》は尻尾《しっぽ》が二《ふた》またに分《わ》かれることがある。

ふるまい 昼間《ひるま》はふつうの猫《ねこ》とくらし、夜《よる》になると手拭《てぬぐ》いをかぶって広《ひろ》場《ば》で踊《おど》ったり、火《ひ》の玉《たま》になって人《ひと》をおそったり、人《ひと》に祟《たた》ったりする。

出没場所《しゅつぼつばしょ》・時間《じかん》

出没地域《しゅつぼつちいき》　全国《ぜんこく》に出没《しゅつぼつ》する。
出没場所《しゅつぼつばしょ》　家《いえ》や町《まち》と、猫《ねこ》がいそうなところ。昔《むかし》は山《やま》の中《なか》が多《おお》かった。
出没時間《しゅつぼつじかん》　夜《よる》に活動《かつどう》することが多《おお》い。

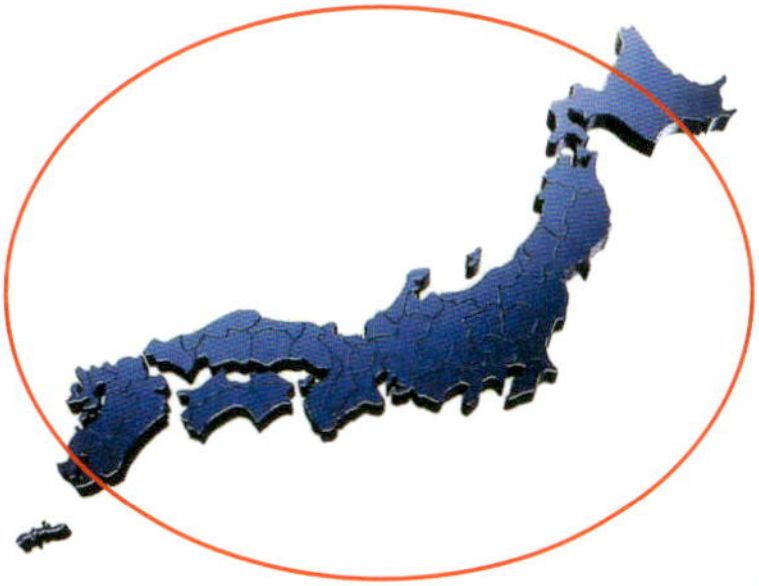

対策《たいさく》はこれだ!!

◎昔《むかし》の人《ひと》の対策《たいさく》は？　年《とし》を取《と》った猫《ねこ》は化《ば》け猫《ねこ》になるので、昔《むかし》は猫《ねこ》を飼《か》う年数《ねんすう》をあらかじめ決《き》めておいたという。岩手県《いわてけん》や三重県《みえけん》では、三年飼《さんねんか》った猫《ねこ》は捨《す》てろといわれていたし、沖縄《おきなわ》でも十三年《じゅうさんねん》も生《い》きると化《ば》けるのでその前《まえ》に捨《す》てたというよ。でも、今《いま》では家族《かぞく》の一員《いちいん》の猫《ねこ》を捨《す》てるなんて、できないよね！

◎猫《ねこ》をかわいがる　いくら年《とし》を取《と》った猫《ねこ》が化《ば》け猫《ねこ》になるからといって、飼《か》い猫《ねこ》を捨《す》てたり、殺《ころ》したりなんて考《かんが》えられない。たとえ化《ば》け猫《ねこ》になったとしても、悪《わる》さをさせないようにすればいいわけだ。
　方法《ほうほう》は簡単《かんたん》。猫《ねこ》をいじめずに、かわいがってあげるだけでいいんだよ！

有効《ゆうこう》なアイテム

マタタビ　植物《しょくぶつ》の一種《いっしゅ》であるマタタビは、猫《ねこ》の大好物《だいこうぶつ》。口《くち》にすると酔《よ》っ払《ぱら》ったようになるんだ。ペット用《よう》に売《う》られているマタタビの枝《えだ》や粉末《ふんまつ》は、化《ば》け猫《ねこ》にも効果《こうか》ありそうだよ。

あちこちにある化《ば》け猫《ねこ》の話《はなし》！

化《ば》け猫《ねこ》の話《はなし》は、昔《むかし》から現代《げんだい》まで、あちらこちらで語《かた》られている。こわい話《はなし》もあれば、心温《こころあたた》まる話《はなし》もあって、いろいろなケースがあるんだ。

たとえば、神奈川県横浜市《かながわけんよこはまし》にあった戸塚宿《とつかしゅく》には、手拭《てぬぐ》いをかぶって踊《おど》った化《ば》け猫《ねこ》の話《はなし》がある。

とある醤油屋《しょうゆや》の飼《か》い猫《ねこ》が、あるときから化《ば》け猫《ねこ》となり、店《みせ》から手拭《てぬぐ》いを盗《ぬす》んで、夜《よる》の広場《ひろば》でなかまの猫《ねこ》たちと歌《うた》い踊《おど》った、という伝説《でんせつ》だ。

猫《ねこ》が踊《おど》った場所《ばしょ》は、今《いま》も踊場《おどりば》という地名《ちめい》で残《のこ》っていて、地下鉄《ちかてつ》の駅名《えきめい》にもなっているんだ。

このほか、猫《ねこ》をいじめ殺《ころ》したり、事故《じこ》で死《し》なせたりして祟《たた》られた話《はなし》は、今《いま》でも聞《き》くことがある。それも化《ば》け猫《ねこ》の話《はなし》といっていいだろう。

つまり、化《ば》け猫《ねこ》は現代《げんだい》でもあらわれやすい妖怪《ようかい》といえるんだ。

横浜市営地下鉄《よこはましえいちかてつ》の踊場駅《おどりばえき》。駅《えき》の２番出入口《ばんでいりぐち》のそばには、化《ば》け猫《ねこ》を供養《くよう》した石碑《せきひ》が建《た》っているよ。

ポルターガイスト

ドアが勝手《かって》に開閉《かいへい》する。物《もの》が部屋《へや》を飛《と》びまわる。あやしい物音《ものおと》がかべから聞《き》こえる……。霊《れい》のしわざとされるポルターガイストは、身近《みぢか》なところでおきているかも!?

ポルターガイスト

ケース3　Tさんの体験談《たいけんだん》

大学時代《だいがくじだい》を関西《かんさい》で過《す》ごしたTさんという女性《じょせい》は、一人暮《ひとりぐ》らしのアパートで、あやしい現象《げんしょう》になやまされたというよ。

川《かわ》ぞいにあったアパートは、建物《たてもの》こそ古《ふる》いものの、部屋《へや》はきれいにリフォームされ、Tさんは一目《ひとめ》で気《き》に入《い》ったという。

そして、新生活《しんせいかつ》にウキウキしながら引《ひ》っ越《こ》しをしたけれど、そんな気《き》分《ぶん》は、すぐに消《き》えてしまった。

というのも、おかしなことが昼《ひる》も夜《よる》も関係《かんけい》なく続《つづ》いたからだ。

引《ひ》っ越《こ》し初日《しょにち》には、テーブルに置《お》いたコップが、なぜか勝手《かって》に動《うご》いて

割《わ》れてしまった。

テーブルがかたむいていたわけでもなく、ぬれてすべりやすかったわけでもない。ツツーッと勝手《かって》に動《うご》いて、気《き》がついたら落《お》ちていた。

また、荷物《にもつ》を整理《せいり》しているときには、かべがコンコンとノックされた。

でも、よく考《かんが》えると、ノックが聞《き》こえた方《ほう》に部屋《へや》なんてなかったんだ！

さらには、夜《よる》、ベッドに入《はい》ると、何者《なにもの》かが忍《しの》び足《あし》でベッドのまわりを歩《ある》く気配《けはい》までする。

こんなことが毎日《まいにち》のように続《つづ》けば、寝不足《ねぶそく》になるのもむりはない。

実家《じっか》に帰《かえ》ろうにも、新幹線《しんかんせん》で移動《いどう》するくらいの遠距離《えんきょり》だし、泊《と》めてくれるような親《した》しい友《とも》だちもまだいない。

そこで、テレビで〝心霊現象《しんれいげんしょう》には盛《も》り塩《しお》がいい〟といっていたことを思《おも》い出《だ》し、小皿《こざら》に塩《しお》を三角《さんかく》に盛《も》って、玄関《げんかん》と出窓《でまど》に置《お》いた。

その効果《こうか》があったのか、不思議《ふしぎ》な現象《げんしょう》はおさまった。

けれど、何事《なにごと》もなくすんだのは二《に》、三日《さんにち》だけで、ふたたび怪現象《かいげんしょう》がおこりはじめたんだ。

結局《けっきょく》、Tさんは別《べつ》のアパートに引《ひ》っ越《こ》しちゃったんだって。

そのアパートは、関西《かんさい》のとある町《まち》に今《いま》もあるから、そこでは怪奇現象《かいきげんしょう》が続《つづ》いているかもしれないよ！

ポルターガイストってどんな妖怪《ようかい》？

部屋《へや》で物《もの》が勝手《かって》に動《うご》くとか、生木《なまき》が裂《さ》ける音《おと》やノック音《おと》が聞《き》こえたり、発光体《はっこうたい》が飛《と》びまわったり……。こういう現象《げんしょう》を、西洋《せいよう》ではポルターガイストという。日本《にほん》でも、江戸時代《えどじだい》から似《に》たような現象《げんしょう》が起《お》きていて、家鳴《やなり》という小《ちい》さな鬼《おに》がその正体《しょうたい》と考《かんが》えられたこともあるんだ。

最近《さいきん》では、一九九九年《ねん》におきた、G県《けん》の町営住宅《ちょうえいじゅうたく》の怪事件《かいじけん》が知《し》られるよ。食器《しょっき》がたなから飛《と》び出《だ》したり、不気味《ぶきみ》な音《おと》が聞《き》こえたりと、マンション中《ちゅう》でおかしなことがおきまくったけれど、今《いま》はおさまっているそうだ。

ポルターガイストは、ドイツ語《ご》で〝騒《さわ》がしい霊《れい》〟という意味《いみ》があるように、家《いえ》にすみ着《つ》いた霊《れい》が原因《げんいん》だと、古《ふる》くから信《しん》じられている。

もちろん、霊《れい》ではないとする説《せつ》もある。ウソやイタズラ説《せつ》をはじめ、川《かわ》や水道管《すいどうかん》を流《なが》れる水《みず》の震動《しんどう》が原因《げんいん》ではないか……など、いろいろ研究《けんきゅう》されている。でも、それですべてが説明《せつめい》されるわけではないみたいだね。

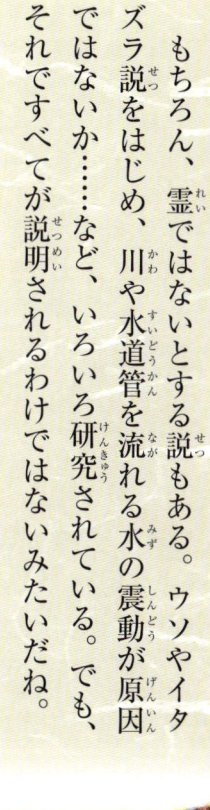

もしもにそなえて覚《おぼ》えておこう！

妖《よう》怪《かい》データと対《たい》策《さく》

ポルターガイスト

出没度《しゅつぼつど》	40
出没地域《しゅつぼつちいき》の広《ひろ》さ	50
姿《すがた》の見《み》えやすさ	10
攻撃性《こうげきせい》	40
友好度《ゆうこうど》	0
対策難易度《たいさくなんいど》	40

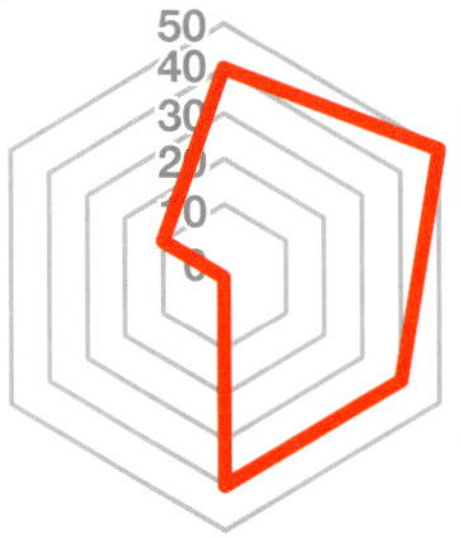

特《とく》徴《ちょう》

別名《べつめい》　騒霊《そうれい》なんてよびかたもある。

姿《すがた》の特徴《とくちょう》　姿《すがた》は見《み》えないことがほとんど。

ふるまい　家《いえ》の中《なか》の物《もの》を動《うご》かしたり、足音《あしおと》やノック音《おん》のような物音《ものおと》を立《た》てたり、発光体《はっこうたい》となって飛《と》びまわったりする。寝《ね》ているときに、人《ひと》がいるような気配《けはい》を感《かん》じさせることも。このようなあやしいことがおきるのは、家《いえ》の中《なか》だけのことがほとんど。

出没《しゅつぼつ》場所《ばしょ》・時間《じかん》

出没地域《しゅつぼつちいき》　全国《ぜんこく》に出没《しゅつぼつ》する。
出没場所《しゅつぼつばしょ》　家《いえ》の中《なか》がほとんど。
出没時間《しゅつぼつじかん》　昼《ひる》も夜《よる》も関係《かんけい》なくあやしい現象《げんしょう》がおきる。

対策《たいさく》はこれだ!!

◎霊《れい》が原因《げんいん》なら！　ポルターガイストの原因《げんいん》を科学《かがく》で説明《せつめい》をしようとする人《ひと》がいるものの、それでもやっぱり、霊《れい》のしわざと信《しん》じる人《ひと》は多《おお》い。どこの国《くに》でも、ポルターガイストには、おはらいや魔除《まよ》けで対応《たいおう》しているみたいだ。

◎引《ひ》っ越《こ》すしかない？　Tさんがやった盛《も》り塩《しお》のように、おはらいや魔除《まよ》けが、まったくきかないこともある。その場合《ばあい》は、ポルターガイスト現象《げんしょう》がおこる家《いえ》から離《はな》れる、つまり引《ひ》っ越《こ》しをするしか方法《ほうほう》はないみたいだよ！

有効《ゆうこう》なアイテム

消臭《しょうしゅう》・除菌《じょきん》スプレー　ウワサでは、消臭《しょうしゅう》・除菌《じょきん》用《よう》のスプレーを部屋《へや》にシュッシュッとするだけで、悪《わる》い霊《れい》はいなくなるそうだ！　ためす価値《かち》アリかも!?

池袋《いけぶくろ》の女《おんな》

理由《りゆう》は分《わ》からないけれど、ポルターガイストは、思春期《ししゅんき》（心《こころ》や体《からだ》が子《こ》どもから大人《おとな》へと変化《へんか》する時期《じき》）の少年《しょうねん》や少女《しょうじょ》がいる家《いえ》でおきやすいそうだ。

それと、昔《むかし》の日本《にほん》では、ある土地《とち》に生《う》まれ育《そだ》った女性《じょせい》を家《いえ》によぶと、ポルターガイストがおきやすかったという話《はなし》もあるんだよ。

江戸《えど》での例《れい》では、池袋村《いけぶくろむら》（今《いま》の豊島区《としまく》池袋《いけぶくろ》あたり）出身《しゅっしん》の女性《じょせい》がそうだった。

池袋村出身《いけぶくろむらしゅっしん》の女性《じょせい》をお嫁《よめ》さんにもらった家《いえ》や、召《め》し使《つか》いとしてやとった家《いえ》では、なぜか家《いえ》の中《なか》であやしい物音《ものおと》がしたり、家具《かぐ》や食器《しょっき》が部屋《へや》の中《なか》で飛《と》びまわったりする。そして、その女性《じょせい》が実家《じっか》へもどると、おかしなことはピタッとやむという。

こんなことから、あやしい現象《げんしょう》をひきおこす池袋村《いけぶくろむら》出身《しゅっしん》の女性《じょせい》を、〝池袋《いけぶくろ》の女《おんな》〟なんていったんだって。

ポルターガイストに対《たい》する現代人《げんだいじん》と同《おな》じように、江戸《えど》の人《ひと》たちは、自作自演《じさくじえん》だとか、土地《とち》の神《かみ》さまが、自分《じぶん》の土地《とち》から人《ひと》が出《で》て行《い》くのがいやだからイタズラをして返《かえ》してもらおうとしているんだろうとか、いろいろと原因《げんいん》を考《かんが》えたけれど、結局《けっきょく》は原因不明《げんいんふめい》だったみたいだね！

疫病神《やくびょうがみ》

近《ちか》づくだけで人間《にんげん》を病気《びょうき》にするめいわくな神《かみ》、それが疫病《やくびょう》神《がみ》だ。この疫病神《やくびょうがみ》を、実際《じっさい》に見《み》た人《ひと》がいるよ！　いったい、どんなおそろしいことが起《お》きたんだろう!?

疫病神

やくびょうがみ

ケース4　東京《とうきょう》にすむUさんの体験談《たいけんだん》

東京《とうきょう》にすむ、Uさんというお婆《ばあ》さんから聞《き》いた、不思議《ふしぎ》な話《はなし》だよ。

子《こ》どものころ、Uさんは、両親《りょうしん》と兄《あに》を、同《おな》じ時期《じき》に亡《な》くしたそうだ。

原因《げんいん》は、大熱《おおねつ》が出《で》る流行病《りゅうこうびょう》。

はじめはお父《とう》さんが倒《たお》れ、次《つぎ》に看病《かんびょう》をしていたお母《かあ》さんが倒《たお》れた。

入院《にゅういん》のかいもなく、両親《りょうしん》は、あっという間《ま》に帰《かえ》らぬ人《ひと》となった。

やがて、家《いえ》に二《ふた》つの棺桶《かんおけ》が運《はこ》びこまれ、Uさんは、残《のこ》された三人《さんにん》の兄《あに》と、棺桶《かんおけ》のある部屋《へや》でその日《ひ》は寝《ね》た。

真夜中《まよなか》。

ふと目《め》を覚《さ》ましたUさんは、棺桶《かんおけ》のそばに、ミイラのような老人《ろうじん》がいるのに気《き》がついた。

頭《あたま》には毛《け》がまばらに生《は》え、くぼんだ目《め》はまっ黒《くろ》。

もちろん、知《し》らない人《ひと》だ。

その老人《ろうじん》が、一番上《いちばんうえ》の兄《あに》の布団《ふとん》に近《ちか》づいて、寝《ね》ている顔《かお》に、「ふう」と、息《いき》をふきかけたから、たまらない。

あまりのこわさに、Uさんは気《き》を失《うしな》ってしまい、気《き》がつけば、もう朝《あさ》だった。

ハッとして兄《あに》を見《み》ると、どうしたことか、寒《さむ》い寒《さむ》いといって、ガタガタとふるえている。

なんと、一番上《いちばんうえ》の兄《あに》まで、流行病《りゅうこうびょう》にかかってしまったんだ！

すぐに入院《にゅういん》したけれど、そのまま兄《あに》も死《し》んでしまったという。

「どうしてか理由《りゆう》は分《わ》からないけど、まっ暗《くら》な部屋《へや》なのに、その老人《ろうじん》の姿《すがた》だけハッキリと見《み》えるんですよ。あれは疫病神《やくびょうがみ》か死神《しにがみ》だったのかねえ……」

当時《とうじ》のことを思《おも》い出《だ》して、そんなことを語《かた》るUさん。

その後《ご》は、親《しん》せきの家《いえ》に預《あず》けられ、ほかの兄《あに》たちと何事《なにごと》もなく過《す》ごしたんだって。

疫病神《やくびょうがみ》ってどんな妖怪《ようかい》？

疫病神《やくびょうがみ》とは、姿《すがた》を見《み》せずに人間《にんげん》に近《ちか》づいて、病気《びょうき》にさせる悪《わる》い神《かみ》のことをいう。またの名《な》を、行疫神《ぎょうやくじん》、疫病《えやみ》の神《かみ》、疫神《えきじん》ともいうよ。

神《かみ》とはいうものの、じっさいは妖怪《ようかい》の一種《いっしゅ》で、とくに、はやり病《やまい》や不治《ふじ》の病《やまい》は、疫病神《やくびょうがみ》の仕業《しわざ》とされていたから、古《ふる》い時代《じだい》からとてもおそれられていたんだ。

疫病神《やくびょうがみ》は、姿《すがた》を見《み》せないのがふつうなんだけれど、ごくたまに人前《ひとまえ》に出《で》てくることがあるらしい。

たとえば、江戸《えど》時代《じだい》の広島《ひろしま》では、青白《あおじろ》い顔《かお》をした、老人姿《ろうじんすがた》の疫病神《やくびょうがみ》を見《み》たお坊《ぼう》さんがいた。疫病神《やくびょうがみ》が寺《てら》に入《はい》ろうとするので、力《ちから》まかせに押《お》し出《だ》すと、パッと姿《すがた》を消《け》してしまった。

その後《ご》、近《ちか》くの村《むら》で病気《びょうき》が大流行《だいりゅうこう》したんだけれど、寺《てら》のある村《むら》だけは無事《ぶじ》だったそうだ。

もしもにそなえて覚《おぼ》えておこう！

妖怪《ようかい》データと対策《たいさく》

疫病神《やくびょうがみ》

出没度《しゅつぼつど》	40
出没地域《しゅつぼつちいき》の広《ひろ》さ	50
姿《すがた》の見《み》えやすさ	20
攻撃性《こうげきせい》	50
友好度《ゆうこうど》	0
対策難易度《たいさくなんいど》	40

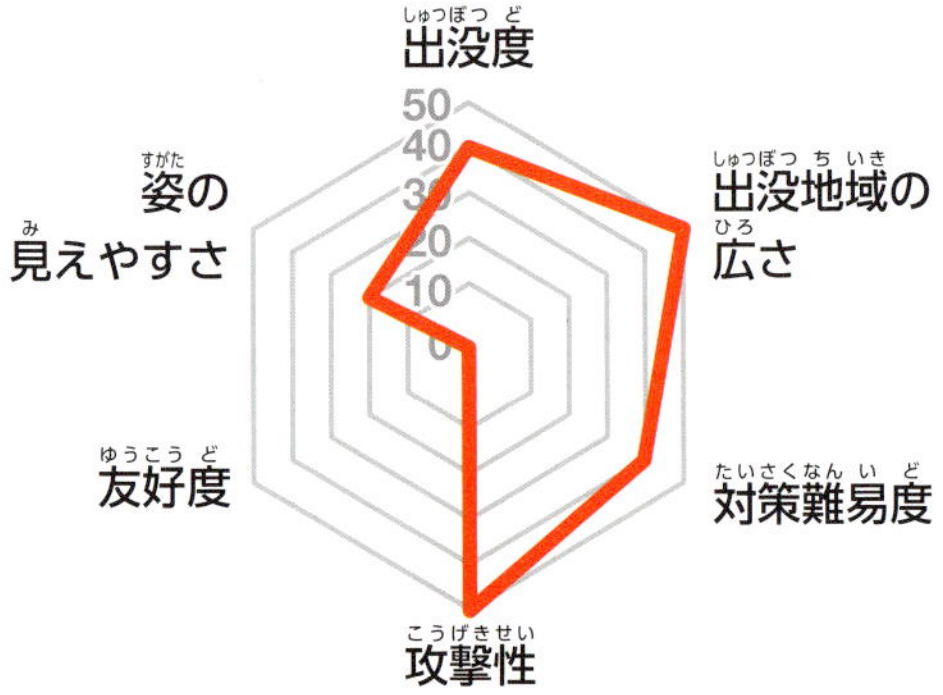

特徴《とくちょう》

別名《べつめい》 行疫神《ぎょうやくじん》、疫病《えやみ》の神《かみ》、疫神《えきじん》なんて別名《べつめい》もある。

姿《すがた》の特徴《とくちょう》 本来《ほんらい》は目《め》に見《み》えないけれど、人前《ひとまえ》には、鬼《おに》、老《ろう》人《じん》、坊主頭《ぼうずあたま》の男《おとこ》など、いろいろな姿《すがた》であらわれる。何人《なんにん》かのグループで活動《かつどう》するものも。

ふるまい 姿《すがた》を見《み》せずに近《ちか》づいて、人間《にんげん》を病《びょう》気《き》にさせる。とくに感《かん》染《せん》しやすい病気《びょうき》を流行《はや》らせる。

出没場所《しゅつぼつばしょ》・時間《じかん》

出没地域《しゅつぼつちいき》 全国《ぜんこく》。
出没場所《しゅつぼつばしょ》 あらゆる場所《ばしょ》に出《しゅつ》没《ぼつ》する。
出没時間《しゅつぼつじかん》 昼《ひる》も夜《よる》も関係《かんけい》ないけれど、姿《すがた》をあらわすのは夜《よる》が多《おお》い。

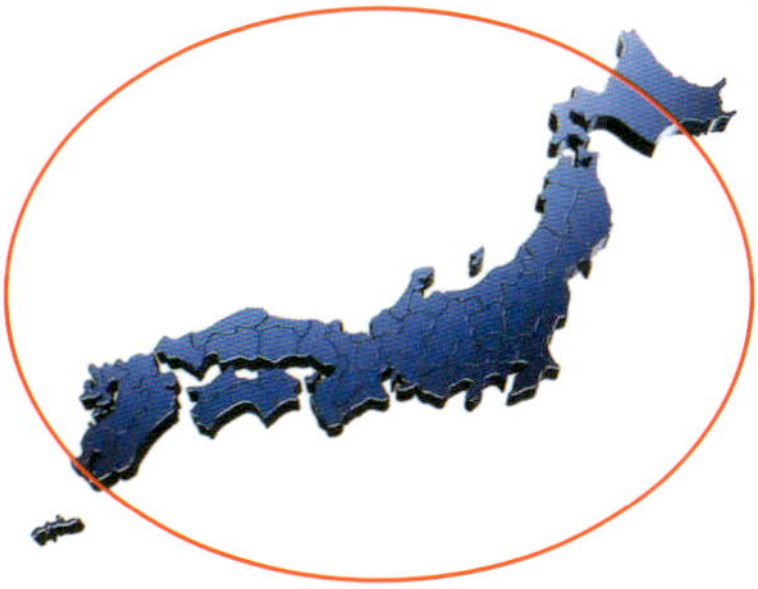

対策《たいさく》はこれだ!!

◎疫病神《やくびょうがみ》の撃退方法《げきたいほうほう》! 昔《むかし》の人《ひと》は、疫病神《やくびょうがみ》を遠《とお》ざける方法《ほうほう》を、いろいろと試《ため》してきた。たとえば、平安時代《へいあんじだい》におこなわれた道饗祭《みちあえのまつり》。都《みやこ》の外《はず》れに供《そな》え物《もの》をするお祭《まつ》りで、疫病神《やくびょうがみ》を食《た》べ物《もの》で足止《あしど》めし、防《ふせ》ぐ意味《いみ》がある。また、町外《まちはず》れの道《みち》ばたに、大《おお》きなわら人形《にんぎょう》を置《お》く土地《とち》もある。

◎健康《けんこう》な体《からだ》でいよう! 食事《しょくじ》と運動《うんどう》に気《き》をつけて、健康《けんこう》な体《からだ》をつくること。さらに、病気《びょうき》になったら病院《びょういん》へ行《い》くこと。健康《けんこう》と現代医学《げんだいいがく》の前《まえ》では、疫病神《やくびょうがみ》もお手上《てあ》げなんだ!

有効《ゆうこう》なアイテム

角大師《つのだいし》のお札《ふだ》 天台宗《てんだいしゅう》のお寺《てら》で売《う》られている角大師《つのだいし》(元三大師《がんざんだいし》)のお札《ふだ》は、昔《むかし》から疫病神除《やくびょうがみよ》けとして有名《ゆうめい》。玄関《げんかん》にはっておけば、疫病神《やくびょうがみ》が入《はい》ってこないそうだよ。

祭《まつ》りで疫病神《やくびょうがみ》を追《お》い出《だ》す

対策《たいさく》のところで道饗祭《みちあえのまつり》のことを書《か》いたけれど、疫病《やくびょう》神《がみ》に関係《かんけい》した祭《まつ》りは、大昔《おおむかし》から各地《かくち》でおこなわれている。

とくに京《きょう》の都《みやこ》では、ひとたび病気《びょうき》が流行《はや》ると、たちまちたくさんの病人《びょうにん》が出《で》て、毎日《まいにち》のように死《し》ぬ人《ひと》が出《で》た。

そこで、感染性《かんせんせい》の病気《びょうき》が流行《はや》りやすい春《はる》から夏《なつ》にかけて、疫病神《やくびょうがみ》をしずめて、追《お》い出《だ》そうとする祭《まつ》りをおこなったんだ。

京都《きょうと》の夏祭《なつまつ》りとして有名《ゆうめい》な祇園祭《ぎおんまつり》は、疫病神《やくびょうがみ》をしずめるためにはじまったものといわれているし、春《はる》におこなわれているやすらい祭《まつ》り（京都市北区《きょうとしきたく》の今宮神社《いまみやじんじゃ》、玄武神社《げんぶじんじゃ》など）も、踊《おど》り手《て》による踊《おど》りの輪《わ》の中《なか》に疫病神《やくびょうがみ》をさそいこみ、しずめるという意味《いみ》があるんだって。

たくさんの祭《まつ》りがあるということは、それだけ昔《むかし》の人《ひと》は、疫病神《やくびょうがみ》をおそれていたんだね。

毎年《まいとし》四月《しがつ》に開催《かいさい》されるやすらい祭《まつ》り。鬼《おに》のような姿《すがた》をした踊《おど》り手《て》が、路地《ろじ》や神社《じんじゃ》の境内《けいだい》で、囃子《はやし》にあわせて踊《おど》るんだよ。そうやって、疫病神《やくびょうがみ》をしずめるそうだ。

トイレの花子《はなこ》さん

学校《がっこう》のトイレに、ひっそりとかくれすむという花子《はなこ》さん。たんなるウワサだと思《おも》っていたら、とても不思議《ふしぎ》な体験《たいけん》をした人《ひと》がいるんだって！　ホントに花子《はなこ》さんはいる!?

トイレの花子さん

トイレのはなこさん

ケース5　東北《とうほく》にすむWさんの体験談《たいけんだん》

一九九〇年代《ねんだい》のことだよ。

東北《とうほく》のとある小学校《しょうがっこう》には、むかしから花子《はなこ》さんという、女《おんな》の子《こ》の幽霊《ゆうれい》のウワサがあった。

放課後《ほうかご》、体育館《たいいくかん》のトイレで、奥《おく》から三番目《さんばんめ》のドアを三回《さんかい》ノックしたら、

「花子《はなこ》さんいますか？」とたずねる。

すると、だれもいないのに「はーい」と返事《へんじ》があるというんだ。

声《こえ》だけならこわくないと、当時《とうじ》、四年生《よねんせい》だったWさんという女性《じょせい》は、ある日《ひ》、ウワサが本当《ほんとう》かどうか、友《とも》だちとためしてみたという。

放課後《ほうかご》、Wさんたちは、だれもいない体育館《たいいくかん》の女子《じょし》トイレへ。いいだしっぺのWさんが、三番目《さんばんめ》のドアをコン、コン、コンと、三回《さんかい》ノック。

そして、おそるおそる、「花子《はなこ》さん、いますか?」と声《こえ》をかけた。

でも、トイレはシーンと静《しず》まりかえっているだけで、なにかおきそうな気配《けはい》はない。

（なんだ、やっぱりウワサなんてウソなんだ……）

心《こころ》の中《なか》でそんなことをつぶやくWさん。

そのとき！

「ギャーッ」と悲鳴《ひめい》をあげて、とつぜん一人《ひとり》が走《はし》りだしたからたまらない！

Wさんとほかの人《ひと》は、その声《こえ》にびっくり。

みんなトイレから飛《と》び出《だ》すと、あわてて教室《きょうしつ》へもどったということなんだ。

「最初《さいしょ》に逃《に》げた子《こ》は、トイレのドアの上《うえ》から、白《しろ》い手《て》が出《で》てくるのを見《み》たっていうんです。私《わたし》は気《き》がつきませんでしたけど……」

Wさんは、本当《ほんとう》に花子《はなこ》さんの手《て》だったのなら見《み》てみたかったと、今《いま》も残念《ざんねん》でしょうがないそうだ。

花子《はなこ》さんってどんな妖怪《ようかい》？

小学校《しょうがっこう》にすみつく花子《はなこ》さんは、あまり使《つか》われないトイレの、奥《おく》から何番目《なんばんめ》とか決《き》まった個室《こしつ》にいて、ふだんは姿《すがた》を見《み》せない。三回《さんかい》とか十五回《じゅうごかい》とか、決《き》まった回数《かいすう》でドアをノックして、「花子《はなこ》さんいますか？」とたずねると、「はーい」と答《こた》える。たまに、手《て》だけを出《だ》すとか、おかっぱ頭《あたま》の女《おんな》の子《こ》となってあらわれ、ときには、よび出《だ》した人《ひと》をトイレに引《ひ》きずりこみ、行方不明《ゆくえふめい》にすることもあるんだ！

正体《しょうたい》は、学校《がっこう》ごとに話《はなし》がちがうけれど、だいたいは事故《じこ》や事件《じけん》に巻《ま》きこまれて死《し》んだ女子生徒《じょしせいと》の霊《れい》だといわれる。

さらに、花子《はなこ》さんの原型《げんけい》は、紫姑神《しこしん》という女神《めがみ》ではないか？　という説《せつ》もあるんだよ。紫姑神《しこしん》は中国《ちゅうごく》のトイレの神《かみ》さまで、子《こ》どもたちはトイレでお祈《いの》りをして紫姑神《しこしん》をよびだし、占《うらな》いをして遊《あそ》ぶこともあったという。この遊《あそ》びが、花子《はなこ》さんのルーツになっている可能性《かのうせい》があるんだって！

もしもにそなえて覚《おぼ》えておこう！

妖怪《ようかい》データと対策《たいさく》

花子《はなこ》さん

出没度《しゅつぼつど》	40
出没地域《しゅつぼつちいき》の広《ひろ》さ	50
姿《すがた》の見《み》えやすさ	40
攻撃性《こうげきせい》	40
友好度《ゆうこうど》	20
対策難易度《たいさくなんいど》	40

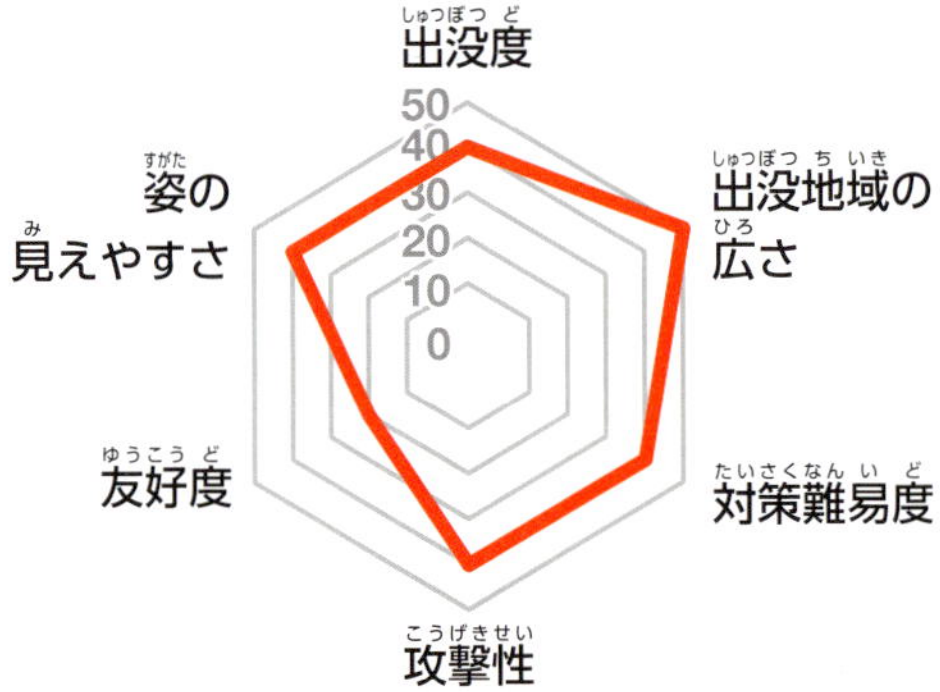

特徴《とくちょう》

別名《べつめい》　学校霊花子《がっこうれいはなこ》さん（全国《ぜんこく》）、三番目《さんばんめ》の花子《はなこ》さん（岩手県《いわてけん》、岐阜県《ぎふけん》、大阪府《おおさかふ》）、三丁目《さんちょうめ》の花子《はなこ》さん（大阪府《おおさかふ》）なんて名前《なまえ》もある。

姿《すがた》の特徴《とくちょう》　おかっぱ頭《あたま》で、白《しろ》いシャツに赤《あか》い吊《つ》りスカートを身《み》に着《つ》けた姿《すがた》といわれる。青白《あおじろ》い手《て》だけをあらわすことも。

ふるまい　トイレにひそんでいて、だれかに声《こえ》をかけられると返事《へんじ》をする。ときには、人間《にんげん》をトイレにひきずりこむなどの悪《わる》さをする。

出没場所《しゅつぼつばしょ》・時間《じかん》

出没地域《しゅつぼつちいき》　全国《ぜんこく》。
出没場所《しゅつぼつばしょ》　小学校《しょうがっこう》のトイレ。中学校《ちゅうがっこう》や高校《こうこう》、会社《かいしゃ》のトイレに出《で》ることも。
出没時間《しゅつぼつじかん》　午後《ごご》に出《で》ることが多《おお》い。

対策《たいさく》はこれだ!!

◎むやみにノックしない！　歴史《れきし》のある小学《しょうがっ》校《こう》なら、だいたい花子《はなこ》さんのウワサがあったけれど、最近《さいきん》は忘《わす》れられている場合《ばあい》が少《すく》なくない。そんな学校《がっこう》では、しらないうちに花子《はなこ》さんがすみつくトイレを使《つか》ってしまうかもしれない。だから、だれもいないトイレでは、むやみにノックをせず、花子《はなこ》さんの名前《なまえ》をよばないようにしよう。そうすれば、花子《はなこ》さんが出《で》てくることはない。
◎トイレは人《ひと》がいるところを選《えら》ぶ　だれもいないトイレはなるべくさけて、利用者《りようしゃ》の多《おお》いトイレを使《つか》うようにしよう。あまり人《ひと》のこないトイレは、妖怪《ようかい》だけではなく、こわい人《にん》間《げん》がいることもあるからだ。

有効《ゆうこう》なアイテム

お札《ふだ》やお守《まも》り　花子《はなこ》さんに効果《こうか》がありそうなアイテムは、とくになさそう。霊《れい》が正体《しょうたい》というウワサもあるから、神社《じんじゃ》やお寺《てら》のお札《ふだ》やお守《まも》りを持《も》っているといいかも!?

トイレの花子《はなこ》さんいがいにも!?

1990年代《ねんだい》の〝学校《がっこう》の怪談《かいだん》ブーム〟で、いちやく有名《ゆうめい》になったトイレの花子《はなこ》さん。じっさいには、1950年代《ねんだい》から、あちこちの学校《がっこう》で語《かた》りつがれていたんだよ。

トイレの花子《はなこ》さんの名前《なまえ》も、ブームのときについたもので、もともとは、花子《はなこ》さんとか、三番目《さんばんめ》の花子《はなこ》さんとよばれることが多《おお》かったんだ。

そして、トイレの花子《はなこ》さんが有名《ゆうめい》になる前《まえ》には、ほかの妖怪《ようかい》が学校《がっこう》のトイレに出没《しゅつぼつ》していたんだって。

たとえば、昭和《しょうわ》のはじめごろには、全国各地《ぜんこくかくち》の小学校《しょうがっこう》で、こんなウワサが流行《りゅうこう》していた。

トイレで用《よう》を足《た》したあと、紙《かみ》がないことに気《き》がつくと、とつぜん「赤《あか》い紙《かみ》がいいか、青《あお》い紙《かみ》がいいか」という声《こえ》。赤《あか》い紙《かみ》と答《こた》えると、体中《からだじゅう》から血《ち》が吹《ふ》き出《で》て死《し》んでしまうし、青《あお》い紙《かみ》と答《こた》えても、血《ち》を抜《ぬ》き取《と》られて全身《ぜんしん》がまっ青《さお》になって死《し》んでしまうという。「なにもいらない」とか、「白《しろ》い紙《かみ》がいい」といえば助《たす》かるそうだ。

ほかにも、時代《じだい》や地域《ちいき》によって、「赤《あか》いチャンチャンコ着《き》せましょか」とか、「青《あお》い手《て》がいいか赤《あか》い手《て》がいいか」なんて問《と》いかける妖怪《ようかい》も出没《しゅつぼつ》したそうだ。学校《がっこう》のトイレには、いろんな妖怪《ようかい》が出現《しゅつげん》していたんだね！

のっぺら坊《ぼう》

目《め》も鼻《はな》も口《くち》もない、のっぺりとした顔《かお》をしたお化《ば》け、それがのっぺら坊《ぼう》。昔《むかし》は小僧《こぞう》のような姿《すがた》が多《おお》かったけれど、今《いま》はふつうの子《こ》どものかっこうをしているらしいよ！

のっぺら坊《のっぺらぼう》

ケース6　東京都《とうきょうと》のYさんの体験談《たいけんだん》

都内《とない》の会社《かいしゃ》に通《かよ》うYさんという女性《じょせい》が、数年前《すうねんまえ》の春《はる》に体験《たいけん》した話《はなし》だよ。
その日《ひ》は仕事《しごと》が長引《ながび》いて、最寄《もよ》り駅《えき》に着《つ》いたのは、真夜中《まよなか》になっていたという。

バスはないし、タクシーのり場《ば》も大混雑《だいこんざつ》。
家《いえ》までは二《に》キロくらいだから、歩《ある》けない距離《きょり》でもない。
結局《けっきょく》、Yさんは歩《ある》いて帰《かえ》ることにした。
春《はる》とはいえ、夜中《よなか》はけっこう寒《さむ》い。
思《おも》わず足早《あしばや》になってしまうYさん。

やがて、公園《こうえん》の前《まえ》を通《とお》り過《す》ぎようとしたとき、視界《しかい》の片《かた》すみになにか動《うご》くものが見《み》えた。

それは、ブランコで遊《あそ》ぶ子《こ》ども。

半《はん》ズボンに半《はん》そでのシャツを着《き》ているから、たぶん男《おとこ》の子《こ》だろう、なんてことを考《かんが》えていたYさんは、あることに気《き》づいたとたん、背筋《せすじ》がゾッとした。

というのも、街灯《がいとう》に照《て》らされたその子《こ》どもには、顔《かお》がなかったんだ！

何度見《なんどみ》ても、やっぱり顔《かお》がない！

そもそも寒《さむ》い夜中《よなか》に、うす着《ぎ》で遊《あそ》ぶ子《こ》どもがいるはずがないし、ブランコをこいでいるわりには、なにひとつ音《おと》が聞《き》こえないのも変《へん》だった。

すぐに逃《に》げ出《だ》したYさん。

よっぽどあわてていたのか、気《き》がつけば、さっき降《お》りた駅《えき》までもどっていた。

さすがにまた同《おな》じ公園《こうえん》の近《ちか》くを歩《ある》きたくなかったので、今度《こんど》はタクシーで帰《かえ》ったそうだ。

「のっぺら坊《ぼう》って、ああいうのをいうんでしょうね。モチのような顔《かお》でしたよ……」

と、Yさんはそのときの顔《かお》が忘《わす》れられないんだって。

のっぺら坊《ぼう》ってどんな妖怪《ようかい》？

のっぺら坊《ぼう》とは、目《め》、口《くち》、鼻《はな》といった顔《かお》のパーツがない、のっぺりとした顔《かお》の妖怪《ようかい》のこと。

昔《むかし》は小僧《こぞう》の姿《すがた》で、夜道《よみち》にあらわれることが多《おお》かったけれど、現代《げんだい》ではふつうの子《こ》どものかっこうをしていたり、スーツ姿《すがた》の大人《おとな》の姿《すがた》であらわれたりすることがある。

正体《しょうたい》は、狐《きつね》や狸《たぬき》のような動物《どうぶつ》がほとんど。人間《にんげん》をおどろかすために、のっぺら坊《ぼう》に化《ば》けているんだよ。

それともう一《ひと》つ、人間《にんげん》の幽霊《ゆうれい》が正体《しょうたい》のこともあるんだって。

その場合《ばあい》は、生《い》きているときの無念《むねん》を、だれかにうったえたくて出《で》てくるものと想像《そうぞう》できる。

でも、話《はなし》をしようにも、のっぺら坊《ぼう》には口《くち》がない。結局《けっきょく》、どうすることもできないでいるんだ。

もしもにそなえて覚《おぼ》えておこう！

妖怪《ようかい》データと対策《たいさく》

のっぺら坊

出没度《しゅつぼつど》	40
出没地域《しゅつぼつちいき》の広《ひろ》さ	50
姿《すがた》の見《み》えやすさ	50
攻撃性《こうげきせい》	20
友好度《ゆうこうど》	0
対策難易度《たいさくなんいど》	10

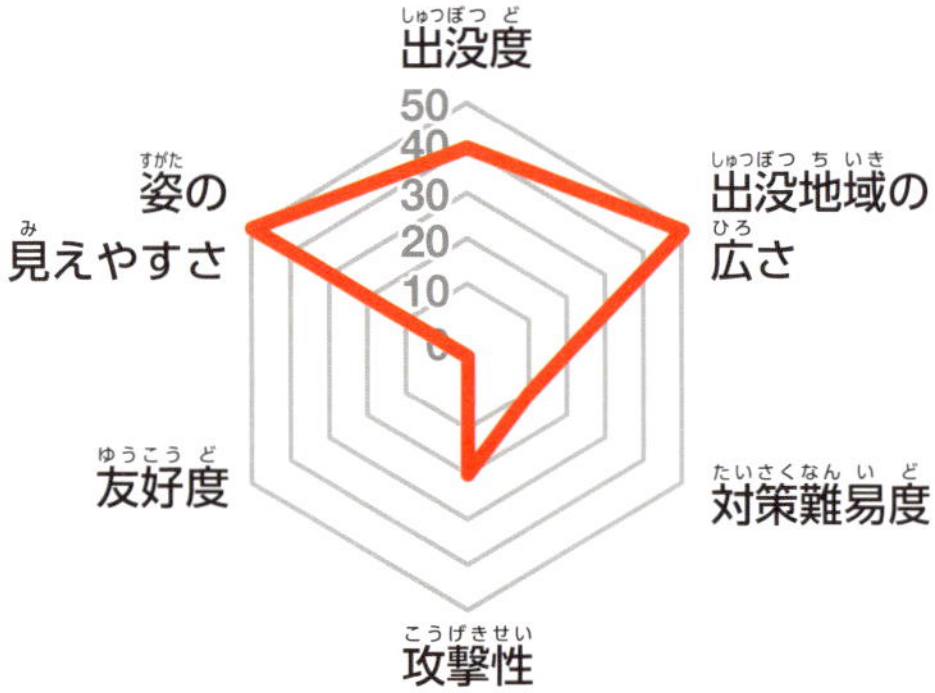

特《とく》徴《ちょう》

別名《べつめい》　ぬっぺら坊《ぼう》、ずんべら坊《ぼう》、ぬっぽり坊主《ぼうず》。

姿《すがた》の特徴《とくちょう》　顔《かお》に目《め》、鼻《はな》、口《くち》がない。子《こ》どものかっこうのほか、大人《おとな》の姿《すがた》をしたものも。服装《ふくそう》は、和服《わふく》もあれば現代風《げんだいふう》もある。

ふるまい　夜道《よみち》などにあらわれて、出会《であ》った人《ひと》をおどろかす。狐《きつね》や狸《たぬき》のイタズラでは、若《わか》い女性《じょせい》の姿《すがた》で道《みち》ばたにしゃがんでいて、心配《しんぱい》した人《ひと》が声《こえ》をかけると、顔《かお》を見《み》せてびっくりさせる——というパターンが多い。

出没場所《しゅつぼつばしょ》・時間《じかん》

出没地域《しゅつぼつちいき》　全国《ぜんこく》にあらわれる。

出没場所《しゅつぼつばしょ》　夜《よる》の道《みち》ばたや公園《こうえん》など、人《ひと》があまりいない場所《ばしょ》ならどこでも。

出没時間《しゅつぼつじかん》　昼間《ひるま》もあらわれるけれど、基本《きほん》は人《ひと》が少《すく》なくなる夜《よる》。

対策《たいさく》はこれだ!!

◎出会《であ》ってしまったら？　動物《どうぶつ》が化《ば》けたものなら、人間《にんげん》をおどろかして喜《よろこ》んでいるだけなので、そのまま逃《に》げてしまえばＯＫ。それに動物《どうぶつ》が化《ば》けたものの場合《ばあい》は、下手《へた》にやり返《かえ》そうとすると、たたられたり、さらにひどい目《め》にあわされたりするから、やっかいだ。

◎とにかく逃《に》げる！！　正体《しょうたい》が狐《きつね》でも幽霊《ゆうれい》でも、のっぺら坊《ぼう》に出会《であ》ったら、とにかく逃《に》げるのが一番《いちばん》。これといった対策《たいさく》はないし、なにかあってからでは手遅《ておく》れだ！

有効《ゆうこう》なアイテム

お守《まも》り　対策《たいさく》アイテムはとくにないけれど、正体《しょうたい》が幽霊《ゆうれい》だった場合《ばあい》には、神社《じんじゃ》やお寺《てら》のお守《まも》りを持《も》っていれば、少《すこ》しは安心《あんしん》できるかもしれない。

妖怪《ようかい》はなかなかあらわれない

妖怪《ようかい》を見《み》たという目撃談《もくげきだん》は、江戸時代《えどじだい》から昭和《しょうわ》の時代《じだい》のはじめごろがとても多《おお》い。

でも、本当《ほんとう》に妖怪《ようかい》に出会《であ》った話《はなし》よりも、見《み》まちがいや、かんちがいが少《すく》なくなかったみたいなんだ。

たとえば、江戸時代《えどじだい》の本《ほん》には、夜道《よみち》に妖怪《ようかい》があらわれたので、気《き》の強《つよ》い人《ひと》が捕《つか》まえてみたら、正体《しょうたい》は五位鷺《ごいさぎ》だったという話《はなし》がのっている。

ただの見《み》まちがいだったわけだけど、現代《げんだい》のように街《がい》路灯《ろとう》がない時代《じだい》の夜道《よみち》では、なにもかもがボンヤリとしか見《み》えなかった。

とうぜん、人《ひと》の顔《かお》もハッキリ見《み》えないから、「うわっ、のっぺら坊《ぼう》だ！」なんて、大《おお》さわぎするあわて者《もの》が、昔《むかし》は少《すく》なくなかったんだろう。

そもそも妖怪《ようかい》は、めったなことではあらわれず、ごくまれに出会《であ》ってしまう人《ひと》がいる程度《ていど》。

今回紹介《こんかいしょうかい》したＹさんは、現代《げんだい》でそんな妖怪《ようかい》に出会《であ》ってしまった一人《ひとり》といえるね。

のっぺら坊《ぼう》は、顔《かお》のパーツがまったくないことが最大《さいだい》の特徴《とくちょう》だから、Ｙさんが見《み》たあやしい子《こ》どもも、のっぺら坊《ぼう》でまちがいないんだよ。

狸《たぬき》

山《やま》においしそうな食《た》べ物《もの》を持《も》っていくと、狸《たぬき》にイタズラされることがあるという。 動物園《どうぶつえん》ではかわいらしい動物《どうぶつ》なのに、いったいどんな悪《わる》さをしてくるんだろう!?

狸
たぬき

ケース7　都内《とない》にすむMさんの体験談《たいけんだん》

今《いま》から二十数年前《にじゅうすうねんまえ》、カメラマンのMさんが、体験《たいけん》した話《はなし》だよ。

それは、旅行雑誌《りょこうざっし》の仕事《しごと》で、新潟県《にいがたけん》の佐渡島《さどがしま》に行《い》ったときのこと。

写真《しゃしん》を撮《と》るため、朝《あさ》からあちこち車《くるま》でまわっていたMさんと編集者《へんしゅうしゃ》。

そろそろお昼《ひる》にしようと、食堂《しょくどう》を探《さが》してみたけれど、あいにく食堂《しょくどう》も店《みせ》も見《み》つからない。

しかたなく、店《みせ》のある町《まち》にもどるまで、昼食《ちゅうしょく》は編集者《へんしゅうしゃ》が持《も》っていたアンパンでがまんすることになった。

プレハブ小屋《ごや》のような社《やしろ》の前《まえ》で、半分《はんぶん》にしたアンパンを食《た》べる二人《ふたり》。

そのとき、社《やしろ》の天井《てんじょう》のあたりから、ガタガタ、ゴソゴソという音《おと》が聞《き》こえた。

動物《どうぶつ》でも入《い》りこんで、暴《あば》れているのかな……なんて、二人《ふたり》はとくに気《き》にせず、残《のこ》りの仕事《しごと》を続《つづ》けた。しばらくすると、Mさんは寒気《さむけ》を感《かん》じはじめ、頭痛《ずつう》までしてきた。

そのことを編集者《へんしゅうしゃ》にいうと、なぜか相手《あいて》の顔色《かおいろ》がおかしい。

しかもガタガタと震《ふる》えて、運転《うんてん》する手元《てもと》も危《あぶ》なっかしい感《かん》じになっているではないか！　二人《ふたり》とも、急《きゅう》な発熱《はつねつ》におそわれてしまったんだ。

これ以上《いじょう》は仕事《しごと》を続《つづ》けられないと、早《はや》めに宿《やど》へもどり、おかみさんに理由《りゆう》を話《はな》して熱《ねつ》をさます薬《くすり》をもらった。

すると、三十分《さんじゅっぷん》も寝《ね》ていたら、ウソのように治《なお》ってしまった。

薬《くすり》のお礼《れい》をいいにおかみさんのところへ行《い》くと、急《きゅう》な発熱《はつねつ》は、狸《たぬき》のイタズラかもしれないよと、教《おし》えてくれたということなんだ。

「おかみさんによれば、僕《ぼく》らがいた社《やしろ》は狸《たぬき》を祀《まつ》ったものなんだそうです。で、アンパンを食《た》べている僕《ぼく》らがうらやましくて、狸《たぬき》が悪《わる》さをしたんだろうという話《はなし》でした」

そんなことを語《かた》るMさんだけれど、二人同時《ふたりどうじ》の急《きゅう》な発熱《はつねつ》に、はじめは悪《わる》い感染症《かんせんしょう》にかかったのかと、そっちの方《ほう》が心配《しんぱい》だったんだって。

狸《たぬき》ってどんな妖怪《ようかい》？

幻《まぼろし》を見《み》せて道《みち》を迷《まよ》わせたり、汽車《きしゃ》に化《ば》けて人《ひと》を混乱《こんらん》させたりと、狸《たぬき》の中《なか》には、化《ば》かす・化《ば》ける・人《ひと》につくなどの能力《のうりょく》がすぐれたものがいる。そういう狸《たぬき》を、化《ば》け狸《たぬき》というよ。

化《ば》け狸《たぬき》といえば、なんといっても四国《しこく》と新潟県《にいがたけん》の佐渡島《さどがしま》が有名《ゆうめい》だ。とくに佐渡島《さどがしま》では、狸《たぬき》のことを狢《むじな》とかトンチボとよんでいて、人間《にんげん》にイタズラをすることでよく知《し》られている。

たとえば、食《た》べ物《もの》を持《も》って山《やま》へ行《い》くと、それをほしがる狢《むじな》が道《みち》を迷《まよ》わせたり、急《きゅう》な頭痛《ずつう》や腹痛《ふくつう》を起《お》こさせたりするんだ。また、ほかの土地《とち》の狸《たぬき》つきと同《おな》じように、狢《むじな》つきというのもある。

狢《むじな》に取《と》りつかれると、今《いま》まで小食《しょうしょく》だった人《ひと》でも大食《おおぐ》らいになり、ひどい場合《ばあい》は、病気《びょうき》になってそのまま死《し》んでしまうこともあるんだって！

かわいらしく見《み》える動物《どうぶつ》だけれど、本当《ほんとう》はコワイ妖怪《ようかい》なんだね！

もしもにそなえて覚《おぼ》えておこう！

妖怪《ようかい》データと対策《たいさく》

狸《たぬき》

出没度《しゅつぼつど》	50
出没地域《しゅつぼつちいき》の広《ひろ》さ	50
姿《すがた》の見《み》えやすさ	40
攻撃性《こうげきせい》	30
友好度《ゆうこうど》	20
対策難易度《たいさくなんいど》	40

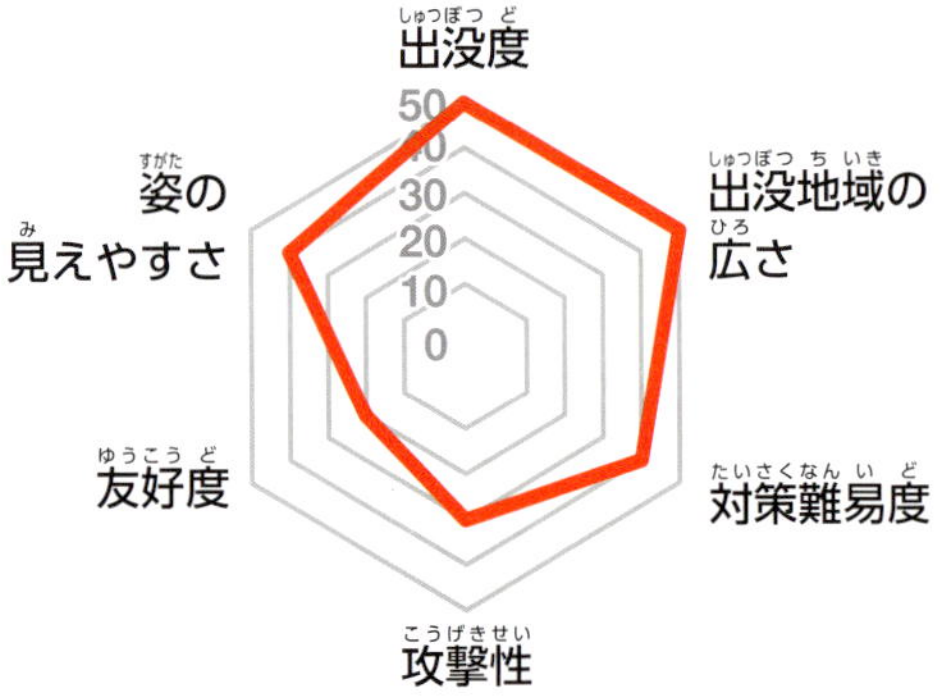

特徴《とくちょう》

別名《べつめい》 狢《むじな》（新潟県《にいがたけん》佐渡島《さどがしま》、長野県《ながのけん》、茨城県《いばらきけん》、ほか）、トンチボ（新潟県《にいがたけん》佐渡島《さどがしま》）、ヨモノ（福井県《ふくいけん》）、タノキ（九州地方《きゅうしゅうちほう》）など。

姿《すがた》の特徴《とくちょう》 動物《どうぶつ》としての狸《たぬき》の姿《すがた》のほか、いろいろなものに化《ば》ける。姿《すがた》を見《み》せないでいることも多《おお》い。

ふるまい まぼろしを見《み》せて化《ば》かしたり、なにかに化《ば》けて人《ひと》をだましたりする。食《た》べ物《もの》をねらっていることが多《おお》い。いじめる人《ひと》にはたたることも。

出没場所《しゅつぼつばしょ》・時間《じかん》

出没地域《しゅつぼつちいき》　沖縄《おきなわ》をのぞいた全国《ぜんこく》。

出没場所《しゅつぼつばしょ》　山《やま》や野原《のはら》をはじめ、自然《しぜん》が残《のこ》る街《まち》にもあらわれる。

出没時間《しゅつぼつじかん》　夕方《ゆうがた》から朝《あさ》までの暗《くら》い時間帯《じかんたい》がほとんど。

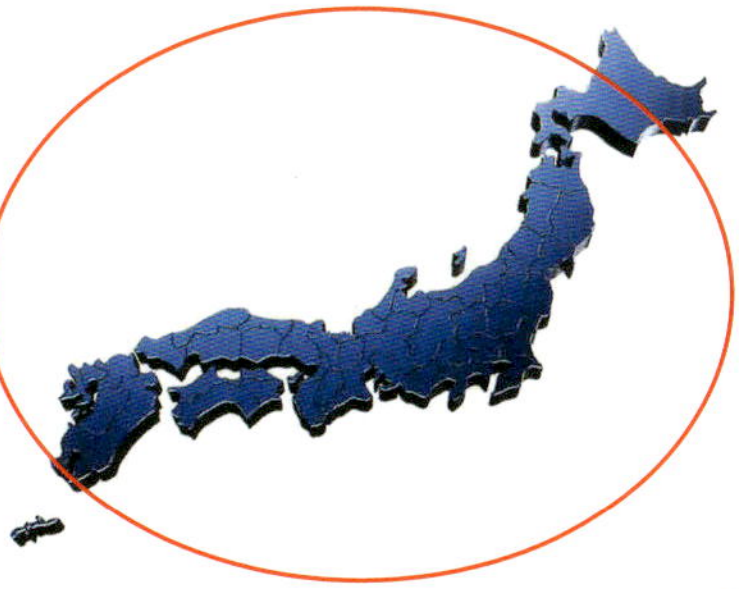

対策《たいさく》はこれだ!!

◎食《た》べ物《もの》を使《つか》って撃退《げきたい》！　狸《たぬき》や狐《きつね》に化《ば》かされた人《ひと》の話《はなし》のほとんどは、通《かよ》いなれた道《みち》なのになぜか迷《まよ》ったという内容《ないよう》で、気《き》がつくと持《も》ち物《もの》がなくなっていることが多《おお》い。とくに食《た》べ物《もの》をなくしやすいんだけれど、これは狸《たぬき》や狐《きつね》が、食《た》べ物《もの》をねらって人間《にんげん》を化《ば》かしていると考《かんが》えられるんだよ。

新潟県《にいがたけん》の佐渡島《さどがしま》では、狢《むじな》（狸《たぬき》）にだまされていると分《わ》かったら、自分《じぶん》の後《うし》ろに向《む》かって、肩越《かたご》しに食《た》べ物《もの》を投《な》げてやるといいんだって。そうすると、狢《むじな》は満足《まんぞく》して、もう悪《わる》さをしなくなるというよ。この方法《ほうほう》はほかの土地《とち》でも効果《こうか》があるはずだから、覚《おぼ》えておこう！

有効《ゆうこう》なアイテム

ハッカ油《ゆ》スプレー　虫《むし》よけ効果《こうか》があることでしられるハッカ油《ゆ》は、狸《たぬき》も苦手《にがて》なのだとか。スースーするにおいを体《からだ》につけておけば、狸《たぬき》にねらわれずにすむよ！

佐渡《さど》の狸《たぬき》の大親分《おおおやぶん》！

Mさんの体験談《たいけんだん》のように、新潟県《にいがたけん》佐渡島《さどがしま》には不思議《ふしぎ》な能力《のうりょく》を持《も》つ化《ば》け狸《たぬき》がたくさんいた。

なかでも、関《せき》の寒戸《さぶと》、徳和《とくわ》の善達《ぜんたつ》、潟上《かたがみ》湖《こ》鏡《きょう》庵《あん》の財《ざい》喜坊《きぼう》、真野《まの》の源助《げんすけ》は、佐渡《さど》の狸《たぬき》の四天王《してんのう》とよばれていて、その親分《おやぶん》が二ツ《ふた》岩《いわ》の団三郎《だんざぶろう》とよばれる狸《たぬき》なんだ。

親分《おやぶん》や四天王《してんのう》クラスになると、あまり悪《わる》いことはしなくなり、逆《ぎゃく》に、願《ねが》い事《ごと》をかなえる神《かみ》さまになって、土地《とち》の人《ひと》たちから熱心《ねっしん》な信仰《しんこう》を受《う》けるようになる。そのため、団三郎《だんざぶろう》や四天王《してんのう》は、立派《りっぱ》な祠《ほこら》や神社《じんじゃ》が建《た》てられて、今《いま》でも人々《ひとびと》から拝《おが》まれているんだ。団三郎《だんざぶろう》が祀《まつ》られているのは、佐渡市《さどし》相川下戸村《あいかわおりとむら》の、山《やま》の中《なか》にそびえる二ツ《ふた》岩《いわ》。

もともと団三郎《だんざぶろう》のすみかだった場所《ばしょ》で、山《やま》の中《なか》の参道《さんどう》は、団三郎《だんざぶろう》のごりやくにあやかった人《ひと》たちが奉納《ほうのう》した鳥居《とりい》で、トンネルのようになっているんだよ。

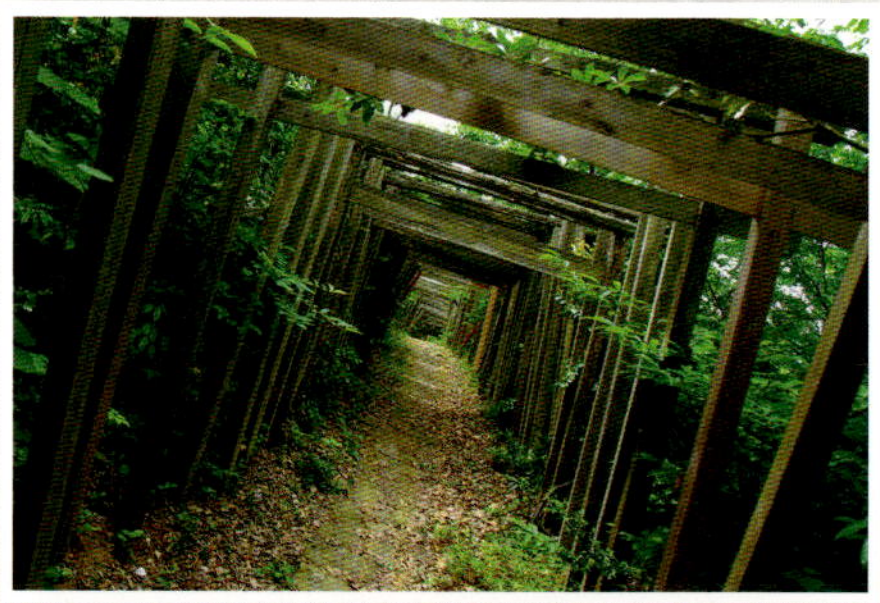

団三郎《だんざぶろう》を祀《まつ》った二ツ《ふた》岩大明神《いわだいみょうじん》の参道《さんどう》。トンネルのように並《なら》んだ鳥居《とりい》がすごい！

べとべとさん

さびしい道《みち》を歩《ある》いていると、だれもいないのに後《うし》ろから足《あし》音《おと》が聞《き》こえる。たんなる音《おと》の反響《はんきょう》ではなく、足音《あしおと》だけが後《あと》をついてくる……。それは妖怪《ようかい》のしわざかもしれないよ！

べとべとさん

ケース8　関西《かんさい》のKさんの体験《たいけん》

関西《かんさい》にすむKさんが、小学校《しょうがっこう》の低学年《ていがくねん》のころに体験《たいけん》した話《はなし》だよ。

そのころは、おじいさんと散歩《さんぽ》に出《で》かけるのが好《す》きで、近《ちか》くの小《ちい》さな山《やま》がお気《き》に入《い》りのコースになっていた。

とくに、秋《あき》から冬《ふゆ》のあいだは、山道《やまみち》に色《いろ》とりどりの落《お》ち葉《ば》がしきつめられて、歩《ある》くたびにカサカサ、パキパキと音《おと》を出《だ》す。それが楽《たの》しくて、Kさんは毎日《まいにち》のように山道《やまみち》を歩《ある》いたという。

ある日《ひ》、いつものように枯葉《かれは》をふんで歩《ある》いていたKさん。

ふと気《き》がつくと、おじいさんは先《さき》に進《すす》んでしまい、その場所《ばしょ》からは見《み》

えなくなっていた。

いつも散歩《さんぽ》している道《みち》なので、迷子《まいご》になることはない。

けれども、だれもいない山道《やまみち》は、どことなくさびしい感《かん》じがしてきたので、Kさんは歩《ある》くスピードをはやめた。

すると、そのとき。

カサ、カサ、カサ……。

後《うし》ろで、枯葉《かれは》をふむ音《おと》がした。

振《ふ》り向《む》いてみても、だれもいない。

気《き》のせいかと思《おも》って歩《ある》き出《だ》すと、またカサカサという音《おと》……。

それは、あきらかに人《ひと》が枯葉《かれは》の上《うえ》を歩《ある》く音《おと》だった。

こわくなったKさんは、あわてておじいさんのいるところへ走《はし》った。

ところが、Kさんの話《はなし》を聞《き》いたおじいさんは、「そんなときは、先《さき》にどうぞと、道《みち》をゆずればいいんだよ」と、笑《わら》うだけだったという。

「今《いま》になってから考《かんが》えると、あと足音《あしおと》は動物《どうぶつ》だったのかもしれませんね。あのへんには、狸《たぬき》や鼬《いたち》もいましたから」

というKさん。

そんな思《おも》い出《で》のある山《やま》も、今《いま》は整備《せいび》されて、ふつうの住宅地《じゅうたくち》になっているそうだ。

ベトベトさんってどんな妖怪《ようかい》？

夜道《よみち》を歩《ある》いていると、自分《じぶん》とはちがう足音《あしおと》が後《うし》ろから聞《き》こえてくることがある。

立《た》ち止《ど》まると音《おと》は止《や》み、歩《ある》くとまた音《おと》がする……。

昔《むかし》の人《ひと》は、これを妖怪《ようかい》のしわざと考《かんが》えたんだ。

たとえば、奈良《なら》県《けん》宇《う》陀《だ》郡《ぐん》の方《ほう》では、そういう妖怪《ようかい》を、ベトベトさんとよんでいたんだよ。

「単純《たんじゅん》に考《かんが》えて、音《おと》が反響《はんきょう》しているだけなんじゃないの？」という人《ひと》もいると思《おも》う。

でも、いくら昔《むかし》の人《ひと》とはいえ、音《おと》の反響《はんきょう》くらいは、経験《けいけん》から分《わ》かっていたはずだ。

反響《はんきょう》ではなく、自分《じぶん》とはちがう足音《あしおと》がじっさいに聞《き》こえることがあったから、ベトベトさんのような妖怪《ようかい》が伝《つた》えられているんだろうね。

もしもにそなえて覚《おぼ》えておこう！

妖怪《ようかい》データと対策《たいさく》

べとべとさん

出没度《しゅつぼつど》	40
出没地域《しゅつぼつちいき》の広《ひろ》さ	50
姿《すがた》の見《み》えやすさ	0
攻撃性《こうげきせい》	10
友好度《ゆうこうど》	0
対策難易度《たいさくなんいど》	50

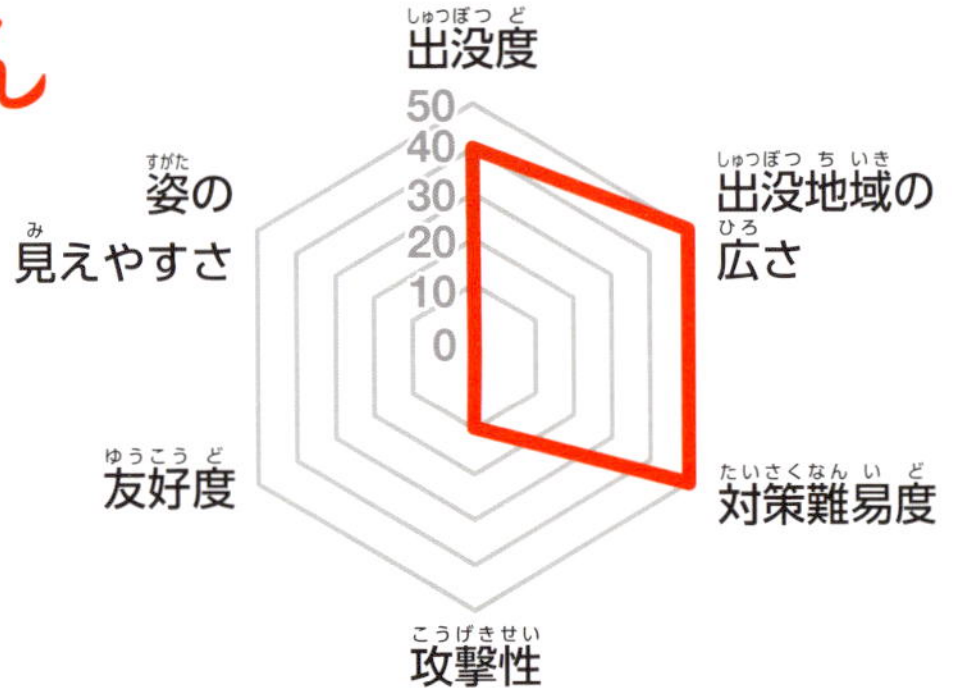

特《とく》徴《ちょう》

別名《べつめい》　とくに別名《べつめい》はなさそう。

姿《すがた》の特徴《とくちょう》　姿《すがた》は見《み》えず、実体《じったい》があるのかどうかも分《わ》からない。ただし、ベトベトさんのなかまと思《おも》われる妖怪《ようかい》・ピシャどんは、黒《くろ》い着物《きもの》を着《き》た小《ちい》さな子《こ》どものような姿《すがた》をしているという。

ふるまい　夜道《よみち》を歩《ある》く人《ひと》の後《うし》ろで、足音《あしおと》だけを立《た》てて気味悪《きみわる》がらせる。

出没場所《しゅつぼつばしょ》・時間《じかん》

出没地域《しゅつぼつちいき》　奈良県《ならけん》を中心《ちゅうしん》とした近畿地方《きんきちほう》。

出没場所《しゅつぼつばしょ》　暗《くら》い時間《じかん》の道《みち》ばた。街《まち》にあらわれることも。

出没時間《しゅつぼつじかん》　夕方《ゆうがた》から朝《あさ》までの暗《くら》い時間帯《じかんたい》が多《おお》い。

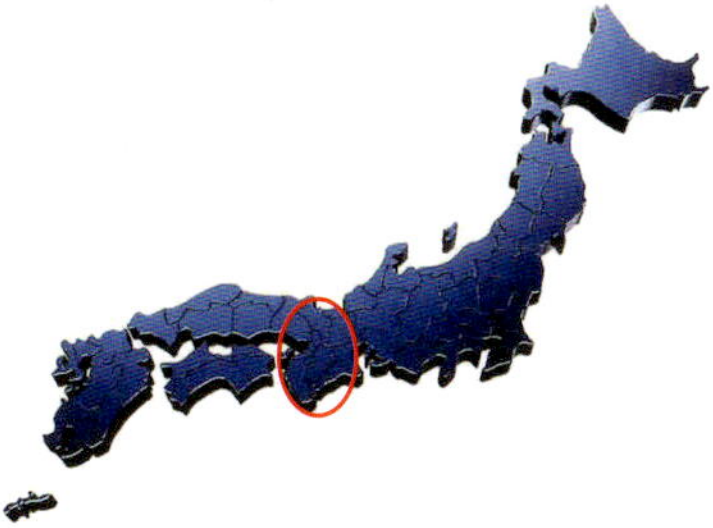

対策《たいさく》はこれだ!!

◎ベトベトさんだと気《き》づいたら！　奈良県宇陀郡《ならけんうだぐん》では、ベトベトさんに後《あと》をつけられたと分《わ》かったら、まずは道《みち》のはじっこに寄《よ》って、ベトベトさんのために道《みち》をあけるという。そして、「ベトベトさん、先《さき》へおこし」といえば、もう足音《あしおと》は聞《き》こえなくなるんだって。

　ベトベトさんがただの音《おと》の反響《はんきょう》だったら、そんなことをしても、歩《ある》けばまた同《おな》じように足音《あしおと》が聞《き》こえるはず。「先《さき》へおこし」ということで足音《あしおと》が止《と》まるということは、目《め》には見《み》えないけれど、ベトベトさんは本当《ほんとう》にいるのかもしれないね！

有効《ゆうこう》なアイテム

小《ちい》さな鏡《かがみ》　自分《じぶん》とは別《べつ》の足音《あしおと》が聞《き》こえたとき、後《うし》ろをふり返《かえ》るのがこわいときは、鏡《かがみ》を使《つか》えばいい。でも、まっ暗《くら》やみのときは使《つか》えないね！

ベトベトさんのなかま？

福井県《ふくいけん》の北部《ほくぶ》あたりでは、冬《ふゆ》のみぞれの降《ふ》る夜《よる》、ぬかるんだ道《みち》を歩《ある》くと、後《うし》ろからビシャビシャという足音《あしおと》を立《た》てて、何者《なにもの》かがついてくることがあるという。

土地《とち》の人《ひと》はそれをビシャがつくといっていた。

それから、京都府《きょうとふ》京丹後市《きょうたんごし》大宮町《おおみやちょう》五十河《いかが》のピシャどんも、雨降《あめふ》りの夜《よる》、後《うし》ろから足音《あしおと》を立《た》ててついてくる妖怪《ようかい》だよ。

ベトベトさんやビシャがつくとはちがって、こちらは姿形《すがたかたち》があり、黒《くろ》い着物《きもの》を着《き》た小坊主《こぼうず》だといわれている。

ただ、後《うし》ろを振《ふ》り向《む》いたときには、小坊主《こぼうず》は姿《すがた》を消《け》してしまうから、結局《けっきょく》、だれもいないのと同《おな》じなんだって。

あまりピシャどんに気《き》を取《と》られていると、転《ころ》んでしまうというから、うかうかできないね。

大宮町《おおみやちょう》五十河《いかが》の西山《にしやま》に百合道《ゆりみち》という道《みち》があったそうで、ピシャどんはそこに出没《しゅつぼつ》したそうだ。

このほかにも、埼玉県《さいたまけん》戸田市《とだし》に出《で》たという送《おく》り鼬《いたち》も、夕方《ゆうがた》や夜《よる》、竹《たけ》やぶを通《とお》る人《ひと》の後《うし》ろで、ガサガサと音《おと》を立《た》ててついてくるそうだ。

こんなかんじで、ベトベトさんのような妖怪《ようかい》は、数《かず》は少《すく》ないけれど、各地《かくち》にいるんだよ。

キミたちの家《いえ》のまわりにいるかも!?

県別《けんべつ》

「家《いえ》や街《まち》にあらわれる妖怪《ようかい》たち」一覧《いちらん》

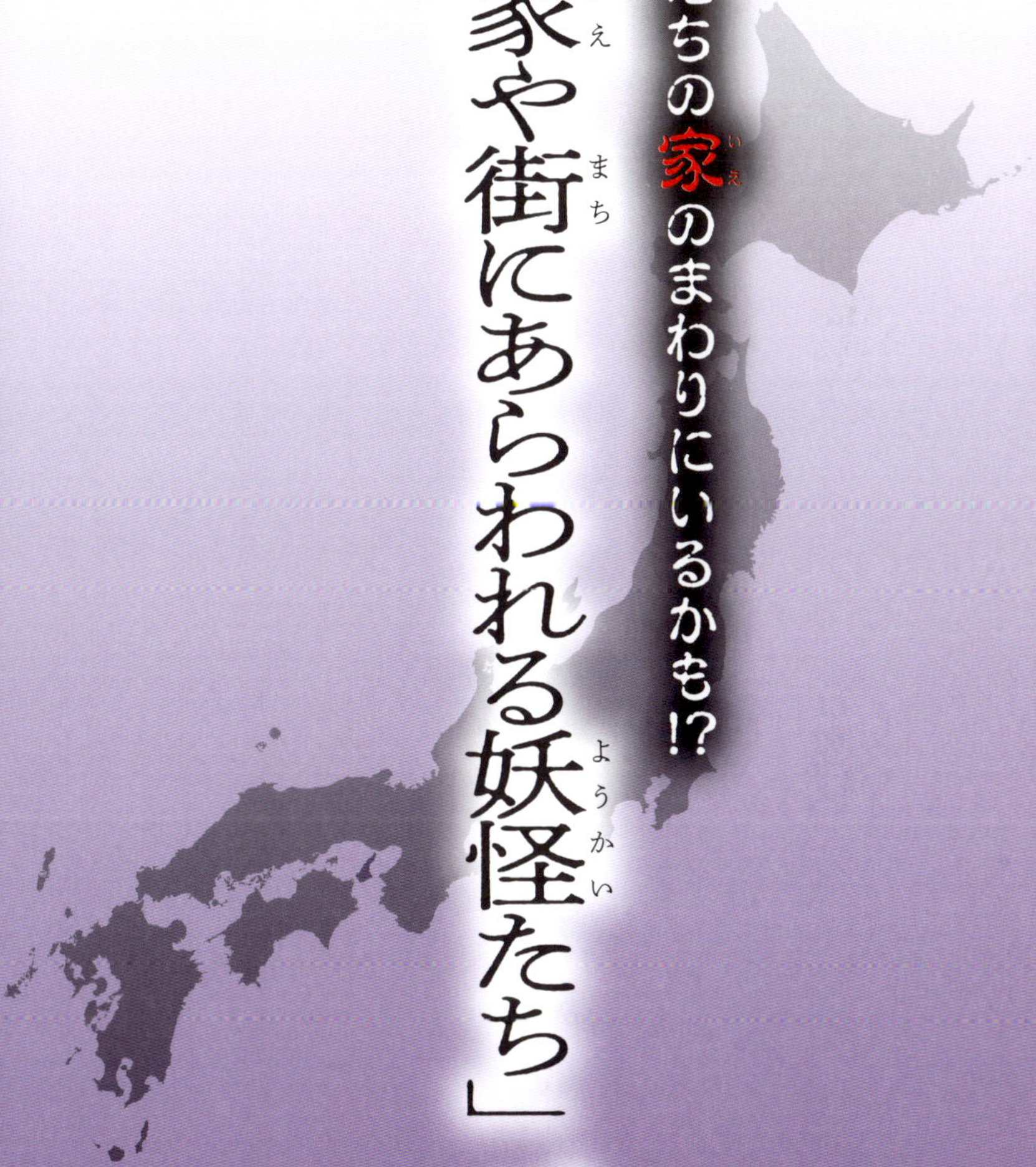

◎北海道《ほっかいどう》・東北地方《とうほくちほう》

・**アイヌカイセイ**（**北海道**《ほっかいどう》）アイヌの人《ひと》たちに伝《つた》わる妖怪《ようかい》。ぼろぼろの服《ふく》を着《き》た人《ひと》の姿《すがた》をしていて、空《あ》き家《や》や古《ふる》い家《いえ》にいる。そこで寝《ね》る人《ひと》がいると、胸《むね》をおさえて苦《くる》しめる。

・**コロポックル**（**北海道**《ほっかいどう》）アイヌの人《ひと》たちに伝《つた》わる、小《ちい》さな人間《にんげん》のような姿《すがた》をした妖怪《ようかい》。名前《なまえ》の意味《いみ》は、蕗《ふき》の下《した》に住《す》んでいる人《ひと》、あるいは縦穴《たてあな》に住《す》む人《ひと》。友好的《ゆうこうてき》。

・**甘酒婆**（**あまざけばばあ／青森県**《あおもりけん》）夜中《よなか》に「甘酒《あまざけ》はござらんか」といってやってくる。無視《むし》するのが一番《いちばん》で、返事《へんじ》をすると病気《びょうき》にさせられる。

・**イジコ**（**青森県**《あおもりけん》）赤《あか》ん坊《ぼう》を入《い》れて置《お》くイジコという籠《かご》が、大木《たいぼく》の上《うえ》からまっ赤《か》に燃《も》えて落《お》ちてくる。籠《かご》のなかにはおそろしい顔《かお》をした赤《あか》ん坊《ぼう》がいることもある。

・**座敷わらし**（**ざしきわらし／岩手県**《いわてけん》）岩手県《いわてけん》を中心《ちゅうしん》とした東北地方《とうほくちほう》でいう妖怪《ようかい》。古《ふる》い家《いえ》の奥座敷《おくざしき》にいて、めったに姿《すがた》をあらわさない。いなくなると家《いえ》は貧乏《びんぼう》になる。

・**ノリコシ**（**岩手県**《いわてけん》）遠野市《とおのし》でいう妖怪《ようかい》。はじめは小《ちい》さな影法師《かげぼうし》のようで、よく見《み》ようとするとだんだんと背《せ》が高《たか》くなり、やがては家《いえ》の屋根《やね》をのり越《こ》してしまう。

・**タンタンコロリン**（**宮城県**《みやぎけん》）仙台市《せんだいし》でいう柿《かき》の木《き》の精霊《せいれい》。柿《かき》の実《み》をいつまでも取《と》らずにほうっておくと、柿《かき》の木《き》が大入道《おおにゅうどう》になって町《まち》を歩《ある》きまわる。

・**提灯小僧**（**ちょうちんこぞう／宮城県**《みやぎけん》）仙台《せんだい》の城下町《じょうかまち》に出現《しゅつげん》。雨《あめ》の夜道《よみち》を歩《ある》いていると、後《うし》ろから小《ちい》さな提灯《ちょうちん》を下《さ》げた小僧《こぞう》がついてきて、いつの間《ま》にか消《き》えてしまう。

・**クネユスリ**（**秋田県**《あきたけん》）仙北市《せんぼくし》に出現《しゅつげん》。クネとは庭《にわ》などにある生《い》け垣《がき》のことで、これをひどくゆるす音《おと》を立《た》てるだけで、姿《すがた》は見《み》えない。

・**文福茶釜**（**ぶんぶくちゃがま／秋田県**《あきたけん》）男鹿市戸賀浜塩谷《おがしとがはましおや》の大榎《おおえのき》にあらわれた妖怪《ようかい》。夜《よる》、大榎《おおえのき》のそばを通《とお》ると、上《うえ》から茶釜《ちゃがま》が下《さ》がってきたという。

- **油取り**（**あぶらとり**／**山形県《やまがたけん》**）子《こ》どもをさらって、人間《にんげん》の油《あぶら》を搾《しぼ》り取《と》る妖怪《ようかい》。とくに女《おんな》の子《こ》はきれいな油《あぶら》がとれるというので、ねらわれやすいとおそれられた。
- **隅の婆様**（**すみのばさま**／**山形県《やまがたけん》**）真夜中《まよなか》に暗《くら》くした座敷《ざしき》で肝試《きもだめ》しをすると、集《あつ》まった人間《にんげん》に混《ま》じってあらわれる。まっ暗闇《くらやみ》なので姿《すがた》は分《わ》からないが、なぜか婆《ばばあ》と伝《つた》わる。
- **朱の盤**（**しゅのばん**／**福島県《ふくしまけん》**）会津《あいづ》の諏訪《すわ》の宮《みや》あたりに出現《しゅつげん》した妖怪《ようかい》。まっ赤《か》で大《おお》きな顔《かお》をしており、目《め》は皿《さら》のように丸《まる》く、歯《は》がみをする音《おと》は雷《かみなり》のようだという。
- **入道坊主**（**にゅうどうぼうず**／**福島県《ふくしまけん》**）見上《みあ》げるほどに大《おお》きくなる妖怪《ようかい》。鼬《いたち》が人《ひと》の肩《かた》に立《た》って化《ば》かしているので、あまり見上《みあ》げるとのどに噛《か》みつかれる。

◎関東地方《かんとうちほう》

- **ウバメトリ**（**茨城県《いばらきけん》**）夜《よる》、子《こ》どもの着物《きもの》を干《ほ》していると、ウバメトリが自分《じぶん》の子《こ》どもの着物《きもの》だと思《おも》って、その着物《きもの》に目印《めじるし》として自分《じぶん》の乳《ちち》をしぼる。その乳《ちち》には毒《どく》がある。
- **狢の提灯**（**むじなのちょうちん**／**茨城県《いばらきけん》**）狢《むじな》が木《き》の上《うえ》に提灯《ちょうちん》のような火《ひ》の玉《たま》を灯《とも》す。本物《ほんもの》の提灯《ちょうちん》とはちがって、狢《むじな》の提灯《ちょうちん》は光《ひかり》がぼんやりしている。
- **オサキ**（**栃木県《とちぎけん》**）鼠《ねずみ》ほどの小《ち》いさな姿《すがた》をした狐《きつね》。取《と》りつかれると、病気《びょうき》になったり、おかしな行動《こうどう》をするようになったりする。祈祷師《きとうし》に拝《おが》んでもらわないと離《はな》れない。
- **しずか餅**（**しずかもち**／**栃木県《とちぎけん》**）夜中《よなか》にコッコッと餅《もち》の粉《こな》をはたくような音《おと》が聞《き》こえ、近《ちか》づくように聞《き》こえた人《ひと》は運《うん》が開《ひら》けるし、遠《とお》ざかるように聞《き》こえたら運《うん》がなくなる。
- **天火人**（**てんかじん**／**群馬県《ぐんまけん》**）玉村町《たまむらまち》に出現《しゅつげん》した、提灯《ちょうちん》のような丸《まる》い火《ひ》。ふわふわと飛《と》んで人《ひと》に近《ちか》づき、背後《はいご》から飛《と》び上《あ》がって破裂《はれつ》したり、人《ひと》の生《い》き血《ち》を吸《す》ったりする。
- **テンマル**（**群馬県《ぐんまけん》**）甘楽町《かんらまち》の墓場《はかば》に出現《しゅつげん》する妖怪《ようかい》。人間《にんげん》の死体《したい》を食《た》べにくるという。正体《しょうたい》は、野生動物《やせいどうぶつ》の一種《いっしゅ》である貂《てん》だといわれている。

・**送り鼬**（**おくりいたち**／**埼玉県**《さいたまけん》）戸田市《とだし》にあらわれた妖怪《ようかい》。竹薮《たけやぶ》のそばを通《とお》ったとき、ガサガサと音《おと》だけがついてくる。人《ひと》が立《た》ち止《ど》まると音《おと》はやむ。歩《ある》きはじめると、また音《おと》をたてる。

・**袖引き小僧**（**そでひきこぞう**／**埼玉県**《さいたまけん》）川島町《かわじままち》の中山上廓《なかやまかみくるわ》にあらわれた妖怪《ようかい》。道《みち》を歩《ある》く人《ひと》がいると、姿《すがた》を見《み》せずに後《うし》ろから袖《そで》を引《ひ》く。落《お》ち武者《むしゃ》の霊《れい》が正体《しょうたい》ともいわれる。

・**隠れ座頭**（**かくれざとう**／**千葉県**《ちばけん》）夕方《ゆうがた》まで遊《あそ》んでいる子《こ》どもを連《つ》れ去《さ》ってしまう。印旛郡《いんばぐん》では、米《こめ》つきの音《おと》に似《に》た音《おと》を立《た》てるので、狸《たぬき》の腹鼓《はらつづみ》ともいわれている。

・**金玉**（**かねだま**／**千葉県**《ちばけん》）八街市《やちまたし》では、黄色《きいろ》の光《ひかり》の玉《たま》が飛《と》んでくるのを金玉《かねだま》といった。飛《と》んでいった方向《ほうこう》の家《いえ》は、運《うん》が開《ひら》けて富《と》み栄《さか》えるという。

・**狸**（**たぬき**／**東京都**《とうきょうと》）都内各地《とないかくち》に出没《しゅつぼつ》。葛飾区《かつしかく》や品川区《しながわく》には、狸《たぬき》が汽車《きしゃ》に化《ば》けて線路《せんろ》で遊《あそ》んでいるうち、本物《ほんもの》の汽車《きしゃ》にはねられて死《し》んだという話《はなし》がある。

・**蝦蟇**（**がま**／**東京都**《とうきょうと》）都内各地《とないかくち》に出没《しゅつぼつ》。江戸《えど》のころの本所《ほんじょ》には、蝦蟇《がま》が老人《ろうじん》に化《ば》けて武家屋敷《ぶけやしき》にあらわれ、沼《ぬま》の埋《う》め立《た》て工事《こうじ》を中止《ちゅうし》してくれとたのんだことがあった。

・**みかり婆**（**みかりばばあ**／**神奈川県**《かながわけん》）横浜市《よこはまし》や川崎市《かわさきし》に出現《しゅつげん》。二月八日《にがつようか》と十二月八日《じゅうにがつようか》に人里《ひとざと》へとやってきて、外《そと》に出《だ》してある箕《み》（ざるの一種《いっしゅ》）や、人間《にんげん》の目《め》をうばっていく。

・**一つ目小僧**（**ひとつめこぞう**／**神奈川県**《かながわけん》）横浜市《よこはまし》や川崎市《かわさきし》に出現《しゅつげん》。二月八日《にがつようか》と十二月八日《じゅうにがつようか》になると、みかり婆《ばばあ》といっしょに人里《ひとざと》へとやってくる。

◎中部地方《ちゅうぶちほう》

・**鎌鼬**（**かまいたち**／**新潟県**《にいがたけん》）つむじ風《かぜ》とともにあらわれ、刃物《はもの》で切《き》ったような傷《きず》を人《ひと》の脚《あし》につける。南部地方《なんぶちほう》では、暦《こよみ》（カレンダー）をふむと鎌鼬《かまいたち》におそわれるという。

・**狢**（**むじな**／**新潟県**《にいがたけん》）佐渡島《さどがしま》では狸《たぬき》のことを狢《むじな》とよぶ。幻《まぼろし》を見《み》せて道《みち》を迷《まよ》わしたり、人《ひと》に取《と》りついて病気《びょうき》にしたりする。佐渡狢《さどむじな》の親分《おやぶん》は団三郎《だんざぶろう》といって、神《かみ》さまとして祀《まつ》られている。

- **三昧太郎**（**さんまいたろう**／**富山県**《とやまけん》）　千体以上《せんたいいじょう》の死体《したい》を焼《や》いた火葬場《かそうば》に出現《しゅつげん》。夜中《よなか》や夜明《よあ》けごろに、カーン、カーンとなにかを打《う》つ音《おと》を響《ひび》かせる。その音《おと》がすると死人《しにん》が出《で》るという。
- **センポクカンポク**（**富山県**《とやまけん》）　南砺市利賀村《なんとしとがむら》でいう妖怪《ようかい》。死人《しにん》が出《で》た家《いえ》にあらわれる人《ひと》の顔《かお》をした蝦蟇《がま》。死者《ししゃ》の霊《れい》の案内役《あんないやく》をしているようだけれど、くわしいことは不明《ふめい》。
- **すすけ行灯**（**すすけあんどん**／**石川県**《いしかわけん》）　金沢市《かなざわし》の方《ほう》にあらわれる黒《くろ》みを帯《お》びた火《ひ》の玉《たま》。ふつうの火《ひ》の玉《たま》とはちがい、すすけた行灯《あんどん》に灯《とも》したときのような火《ひ》だという。
- **火取魔**（**ひとりま**／**石川県**《いしかわけん》）　山中温泉《やまなかおんせん》のこおろぎ橋近《はしちか》くを通《とお》ると、提灯《ちょうちん》の火《ひ》がスーッと細《ほそ》くなり、通《とお》りすぎるとまた明《あか》るくなる。これは火取魔《ひとりま》のしわざ。
- **釣瓶下ろし**（**つるべおろし**／**福井県**《ふくいけん》）　おおい町名田庄《まちなたしょう》にあらわれた釣瓶下《つるべお》ろしは、「釣瓶《つるべ》おろそか、夜《よ》なべもしたか」と声《こえ》をあげ、大木《たいぼく》の上《うえ》から釣瓶《つるべ》を落《お》とした。
- **ビシャガツク**（**福井県**《ふくいけん》）　北部地方《ほくぶちほう》では、冬《ふゆ》のみぞれが降《ふ》る夜道《よみち》を歩《ある》くと、後《うし》ろからビシャビシャという足音《あしおと》が聞《き》こえることがある。これをビシャがつくという。
- **小豆そぎ婆**（**あずきそぎばんば**／**山梨県**《やまなしけん》）　北杜市長坂町《ほくとしながさかちょう》に出現《しゅつげん》。大木《たいぼく》の上《うえ》で毎夜《まいよ》ザアザアと音《おと》をたて、「小豆《あずき》おあんなすって」と通行人《つうこうにん》をよび止《と》めると、大《おお》きなざるですくい上《あ》げる。
- **天吊るし**（**てんづるし**／**山梨県**《やまなしけん》）　山梨県北西部《やまなしけんほくせいぶ》のとある家《いえ》にいた妖怪《ようかい》。夜中《よなか》になると稚児《ちご》のような姿《すがた》をしたものが、天井《てんじょう》から下《お》りてくる。
- **いじゃろ転がし**（**いじゃろころがし**／**長野県**《ながのけん》）　南牧村海《みなみまきむらうみ》ノ口《くち》に出現《しゅつげん》。夜《よる》、こわれたお堂《どう》の前《まえ》を通《とお》ると、いじゃろ（ざる）がコロコロと転《ころ》がってきて、人間《にんげん》の姿《すがた》となっておどろかす。
- **肝取り**（**きもとり**／**長野県**《ながのけん》）　岡谷市《おかやし》に出没《しゅつぼつ》。人間《にんげん》の肝《きも》（肝臓《かんぞう》）を使《つか》って薬《くすり》をつくるため、一人《ひとり》でいる人《ひと》を連《つ》れ去《さ》っていく。東筑摩郡《ひがしちくまぐん》では、夕飯《ゆうはん》を食《た》べない人《ひと》をさらうという。
- **カイナンボウ**（**岐阜県**《ぎふけん》）　揖斐川町徳山《いびがわちょうとくやま》でいう妖怪《ようかい》。どんな姿《すがた》をしているのかは不明《ふめい》。囲炉裏《いろり》の五徳《ごとく》をたたくとあらわれて、人《ひと》が持《も》っていない物《もの》がほしいといってくる。

- **ムネンコ**（**岐阜県**《ぎふけん》）　高山市丹生川町《たかやましにゅうかわちょう》でいう猫《ねこ》の妖怪《ようかい》。人間《にんげん》の死体《したい》にのり移《うつ》る、猫《ねこ》の魂《たましい》のようなもので、ムネンコがのり移《うつ》った死体《したい》は、とつぜん立《た》ち上《あ》がって踊《おど》り出《だ》す。
- **座敷小僧**（**ざしきこぞう**／**静岡県**《しずおかけん》）　山間部《さんかんぶ》の古《ふる》い家《いえ》に伝《つた》わる妖怪《ようかい》。座敷坊主《ざしきぼうず》ともいう。東北《とうほく》の座敷《ざしき》わらしのようなもので、気《き》にくわない人《ひと》にはいろいろなイタズラをする。
- **一つ目小僧**（**ひとつめこぞう**／**静岡県**《しずおかけん》）　伊豆半島《いずはんとう》の一《ひと》つ目小僧《めこぞう》は、疫病神《やくびょうがみ》の性質《せいしつ》があって、二月八日《にがつようか》や十二月八日《じゅうにがつようか》に里《さと》へやってきて、病気《びょうき》にする人間《にんげん》を探《さが》してまわる。
- **馬魔**（**ぎば**／**愛知県**《あいちけん》）　街道《かいどう》によく出現《しゅつげん》した妖怪《ようかい》。姿《すがた》を見《み》せずに馬《うま》をおそう。馬魔《ぎば》におそわれた馬《うま》は、とつぜんたおれて死《し》んでしまう。
- **マドウクシャ**（**愛知県**《あいちけん》）　日間賀島《ひまかじま》に出没《しゅつぼつ》。百年以上《ひゃくねんいじょう》も生《い》きた猫《ねこ》が妖怪《ようかい》となったもので、葬式《そうしき》のときに死《し》体《たい》をうばっていこうとする。ほかの土地《とち》でいう火車《かしゃ》のこと。

◎近畿地方《きんきちほう》

- **髪切り**（**かみきり**／**三重県**《みえけん》）　江戸時代《えどじだい》のころ、今《いま》の松阪市《まつさかし》に出現《しゅつげん》。人《ひと》に気《き》がつかれないうちに、結《ゆ》った髪《かみ》を根元《ねもと》から切《き》り落《お》としていく。髪切《かみき》りの姿《すがた》を見《み》た者《もの》はいない。
- **ダリ**（**三重県**《みえけん》）　道《みち》を歩《ある》いている人《ひと》に取《と》りついて、はげしい空腹感《くうふくかん》を覚《おぼ》えさせる。伊勢参《いせまい》りの人《ひと》がよくおそわれた。ほかの土地《とち》ではヒダル神《かみ》、餓鬼《がき》つきともいう。
- **釣瓶下ろし**（**つるべおろし**／**滋賀県**《しがけん》）　彦根市《ひこねし》にあらわれた釣瓶《つるべ》下《お》ろしは、いつも木《き》の上《うえ》にいて、人《ひと》が通《とお》ると、頭《あたま》に釣瓶《つるべ》を落《お》としたという。
- **雷獣**（**らいじゅう**／**滋賀県**《しがけん》）　東近江市今代町《ひがしおうみしいまだいちょう》に出現《しゅつげん》。雷《かみなり》が多《おお》くて困《こま》っていた土地《とち》の人《ひと》が、雷獣《らいじゅう》を捕《つか》まえて神社《じんじゃ》に封《ふう》じた話《はなし》があり、今《いま》もその神社《じんじゃ》は富士神社《ふじじんじゃ》の名前《なまえ》で残《のこ》る。
- **カイナデ**（**京都府**《きょうとふ》）　節分《せつぶん》の夜《よる》の便所《べんじょ》に出現《しゅつげん》し、人《ひと》のお尻《しり》をなでる。「赤《あか》い紙《かみ》やろうか、白《しろ》い紙《かみ》やろうか」という呪文《じゅもん》をとなえれば、なでられずにすむという。

・**算盤坊主**（そろばんぼうず／京都府《きょうとふ》）　亀岡市西別院町笑路《かめおかしにしべついんちょうわろうじ》に出現《しゅつげん》。西光寺《さいこうじ》の近《ちか》くを夜中《よなか》に通《とお》ると、榧《かや》の木《き》の下《した》に坊主《ぼうず》があらわれ、しきりと算盤《そろばん》をはじく。

・**高入道**（たかにゅうどう／大阪府《おおさかふ》）　見上《みあ》げるほど背《せ》が高《たか》くなる坊主姿《ぼうずすがた》の妖怪《ようかい》。明治時代《めいじじだい》、北御堂《きたみどう》の裏《うら》にあらわれた高入道《たかにゅうどう》は、狸《たぬき》が正体《しょうたい》だったと伝《つた》わっている。

・**地車吉兵衛狸**（だんじりきちべえだぬき／大阪府《おおさかふ》）　夜《よる》の町《まち》にコンコンチキチキと地車囃子《だんじりばやし》の音《おと》を響《ひび》かせる狸《たぬき》。今《いま》は堀川戎神社《ほりかわえびすじんじゃ》内《ない》に地車稲荷《だんじりいなり》（榎木神社《えのきじんじゃ》）として祀《まつ》られる。

・**隠れ婆**（かくればばあ／兵庫県《ひょうごけん》）　神戸市兵庫区平野町《こうべしひょうごくひらのちょう》に出没《しゅつぼつ》。さびしい空《あ》き地《ち》や道《みち》の行《い》き止《ど》まりにいて、夕方《ゆうがた》おそくまでかくれんぼをして遊《あそ》んでいる子《こ》どもを連《つ》れ去《さ》る。

・**砂かけ婆**（すなかけばばあ／兵庫県《ひょうごけん》）　西宮市今津《にしのみやしいまづ》にいた砂《すな》かけ婆《ばばあ》は、姿《すがた》を見《み》せずに、とある家《いえ》の松《まつ》の木《き》の下《した》を通《とお》る人《ひと》に砂《すな》をかけた。本物《ほんもの》の砂《すな》ではなく、砂《すな》をまく音《おと》だけだという。

・**蜘蛛火**（くもび／奈良県《ならけん》）　桜井市《さくらいし》に出現《しゅつげん》。数百《すうひゃく》の蜘蛛《くも》がひとかたまりの火《ひ》となり、空《そら》を飛《と》びまわる。これに当《あ》たると死《し》んでしまうという。

・**ベトベトさん**（奈良県《ならけん》）　宇陀郡地方《うだぐんちほう》でいう、足音《あしおと》だけの妖怪《ようかい》。夜道《よみち》を歩《ある》く人《ひと》につきまとい、足音《あしおと》を立《た》てて気味悪《きみわる》がらせる。「ベトベトさん先《さき》へおこし」といえばついてこない。

・**こんにゃく坊**（こんにゃくぼう／和歌山県《わかやまけん》）　大《おお》きなこんにゃく芋《いも》が人《ひと》に化《ば》けたもの。灰《はい》をまぜた風呂《ふろ》をわかして入《はい》らせると、ただのコンニャクになってしまう。

・**コダマ**（和歌山県《わかやまけん》）　和歌山市《わかやまし》の宇治《うじ》でいう音《おと》だけの妖怪《ようかい》。冬《ふゆ》の夜《よる》、バタバタという音《おと》が、ものすごい勢《いきお》いで夜空《よぞら》をかけめぐる。宇治《うじ》のコダマともいう。

◎中国《ちゅうごく》・四国地方《しこくちほう》

・**牛鬼**（うしおに／鳥取県《とっとりけん》）　牛鬼《うしおに》といえば牛《うし》のような鬼《おに》のことだけれど、鳥取市周辺《とっとりししゅうへん》では、雨降《あめふ》りの夜《よる》にまとわりついてくる白《しろ》い光《ひかり》のことも牛鬼《うしおに》という。

・**狐**（**きつね／鳥取県《とっとりけん》**）県内各地《けんないかくち》に出没《しゅつぼつ》。鳥取市《とっとりし》の立見峠《たちみとうげ》にはおとん女郎《じょろう》という化《ば》け狐《きつね》がいて、おとみと名《な》のる女性《じょせい》によく化《ば》けては、人《ひと》をからかった。

・**からさで婆**（**からさでばばあ／島根県《しまねけん》**）出雲地方《いずもちほう》では、十一月《じゅういちがつ》のからさで祭《まつり》の日《ひ》の夜《よる》に便所《べんじょ》へ入《はい》ると、からさで婆《ばばあ》があらわれてお尻《しり》をなでるという。

・**子取りぞ**（**ことりぞ／島根県《しまねけん》**）出雲地方《いずもちほう》に出現《しゅつげん》。暗《くら》くなるまで外《そと》で遊《あそ》んでいる子《こ》どもを連《つ》れ去《さ》る妖怪《ようかい》。子《こ》どもは油《あぶら》をしぼり取《と》られて死《し》んでしまう。

・**スネコスリ**（**岡山県《おかやまけん》**）井原市《いばらし》などに出現《しゅつげん》。犬《いぬ》のような姿《すがた》をしていて、雨降《あめふ》りの夜道《よみち》を歩《ある》く人《ひと》がいると、足《あし》の間《あいだ》をこすって通《とお》り、通行《つうこう》のじゃまをする。

・**納戸婆**（**なんどばばあ／岡山県《おかやまけん》**）赤磐市《あかいわし》に出現《しゅつげん》。家《いえ》の納戸《なんど》にいる、頭《あたま》がはげた婆《ばばあ》。人《ひと》に見《み》つかるとホーッという声《こえ》をあげて出《で》てくる。庭《にわ》ほうきでたたくと縁《えん》の下《した》に逃《に》げる。

・**クダン**（**広島県《ひろしまけん》**）子牛《こうし》として生《う》まれてくる人面《じんめん》の牛《うし》。生《う》まれ出《で》るとすぐに人《ひと》の声《こえ》で予言《よげん》をして、死《し》んでしまう。その予言《よげん》は、はずれることがないという。

・**バタバタ**（**広島県《ひろしまけん》**）広島市《ひろしまし》の鷹野橋《たかのばし》あたりに出現《しゅつげん》。和歌山県《わかやまけん》のコダマと同《おな》じように、なにかをたたくバタバタという音《おと》が、夜空《よぞら》をものすごいスピードで飛《と》びまわる。

・**オイガカリ**（**広島県《ひろしまけん》**）庄原市《しょうばらし》あたりに出没《しゅつぼつ》した妖怪《ようかい》。歩《ある》いている人《ひと》の後《うし》ろから覆《おお》いかかってくるという。

・**次第高**（**しだいだか／山口県《やまぐちけん》**）県内各地《けんないかくち》に出没《しゅつぼつ》。大入道《おおにゅうどう》のようなもので、見上《みあ》げれば高《たか》くなり、見下《みさ》げれば小《ち》さくなるので、出会《であ》ってしまったら目線《めせん》を下《さ》げればいい。

・**狸**（**たぬき／徳島県《とくしまけん》**）県内各地《けんないかくち》に出没《しゅつぼつ》。とくに徳島市《とくしまし》にはいたるところに化《ば》け狸《たぬき》を祀《まつ》った神社《じんじゃ》や祠《ほこら》がある。体《からだ》が小《ち》さい化《ば》け狸《たぬき》は、豆狸《まめたぬき》とよんでいる。

・**夜行さん**（**やぎょうさん／徳島県《とくしまけん》**）節分《せつぶん》や大晦日《おおみそか》の夜《よる》、首《くび》のない馬《うま》にのって里《さと》を走《はし》りまわる一《ひと》つ目《め》の鬼《おに》。出会《であ》うとけり殺《ころ》されてしまう。

・**足まがり**（**あしまがり／香川県《かがわけん》**）高松地方《たかまつちほう》に出没《しゅつぼつ》。道《みち》を歩《ある》いていると、綿《わた》のようなものがからみついてきて、通行《つうこう》のじゃまをする。狸《たぬき》のしわざとされている。

・**オショボ**（**香川県**《かがわけん》）　お化《ば》けを意味《いみ》する言葉《ことば》。東《ひがし》かがわ市《し》の古《ふる》い家《いえ》では、座敷《ざしき》わらしのなかまもオショボという。家《いえ》の人《ひと》には姿《すがた》が見《み》えず、いなくなると家《いえ》が貧乏《びんぼう》になるという。

・**赤しゃぐま**（**あかしゃぐま**／**愛媛県**《えひめけん》）　西条市《さいじょうし》の古《ふる》い家《いえ》にすみつく妖怪《ようかい》。髪《かみ》の毛《け》が赤《あか》い子《こ》どもで、人《ひと》が寝《ね》静《しず》まると座敷《ざしき》でさわぎだし、台所《だいどころ》の弁当《べんとう》のおかずなどを食《た》べてしまう。

・**小坊主**（**こぼうず**／**愛媛県**《えひめけん》）　鬼北町《きほくちょう》に出現《しゅつげん》。古《ふる》い家《いえ》に四《し》、五人《ごにん》ほどですみつく子《こ》どもの妖怪《ようかい》。人《ひと》がいないときは囲炉裏《いろり》で火《ひ》にあたり、家《いえ》の人《ひと》が帰《かえ》ってくると床下《ゆかした》にかくれる。

・**けち火**（**けちび**／**高知県**《こうちけん》）　高知県各地《こうちけんかくち》でいう火《ひ》の妖怪《ようかい》。人《ひと》の怨念《おんねん》が変化《へんか》したものといわれ、草履《ぞうり》の裏《うら》につばをはいて招《まね》くと、こちらにくるという。

・**狸火**（**たぬきび**／**高知県**《こうちけん》）　狐火《きつねび》と同《おな》じように、狸《たぬき》が灯《とも》すあやしい火《ひ》のこと。葬式《そうしき》の提灯行列《ちょうちんぎょうれつ》のような火《ひ》や、山《やま》の中《なか》では焼《や》き畑《はた》のような幻《まぼろし》の火《ひ》を見《み》せることがある。

◎九州《きゅうしゅう》・沖縄地方《おきなわちほう》

・**馬の足**（**うまのあし**／**福岡県**《ふくおかけん》）　福岡市《ふくおかし》や久留米市《くるめし》に出現《しゅつげん》。塀《へい》から枝《えだ》が出《で》ているような場所《ばしょ》を通《とお》るとき、馬《うま》の足《あし》がぶら下《さ》がっていることがあり、下《した》を通《とお》るとけり飛《と》ばされる。

・**わくどつき**（**わくどつき**／**福岡県**《ふくおかけん》）　わくどとは、久留米市《くるめし》あたりでいう蝦蟇《がま》のこと。蝦蟇《がま》に取《と》りつかれると、耳《みみ》の中《なか》をくすぐられたり、耳《みみ》の中《なか》で甘酒《あまざけ》を醸《かも》されたりする。

・**天火**（**てんか**／**佐賀県**《さがけん》）　提灯《ちょうちん》ほどの大《おお》きさの火《ひ》の玉《たま》で、空《そら》から落《お》ちてきてコロコロと地面《じめん》を転《ころ》がる。これが屋根《やね》に落《お》ちたり、家《いえ》に入《はい》ったりすると火事《かじ》になる。

・**やぶ神**（**やぶがみ**／**佐賀県**《さがけん》）　だれのものか分《わ》からない墓《はか》をやぶ神《がみ》という。近《ちか》くの木《き》を切《き》ったり、祀《まつ》らないで放置《ほうち》したりすると、病気《びょうき》やケガなどたたりをおよぼす。

・**精霊風**（**しょうろうかぜ**／**長崎県**《ながさきけん》）　五島地方《ごとうちほう》でいう不思議《ふしぎ》な風《かぜ》。盆《ぼん》の十六日《じゅうろくにち》の朝《あさ》、墓場《はかば》などに吹《ふ》く風《かぜ》で、これに当《あ》たると病気《びょうき》になってしまう。

・**見越し入道**（みこしにゅうどう／長崎県《ながさきけん》）壱岐島《いきのしま》に出現《しゅつげん》。夜道《よみち》を歩《ある》く人《ひと》の頭上《ずじょう》で笹《ささ》の葉《は》がこすれる音《おと》を立《た》てる。「見越《みこ》し入道《にゅうどう》、見抜《みぬ》いた」といわないと、竹《たけ》が倒《たお》れて死《し》ぬという。

・**雄牛**（おうし／熊本県《くまもとけん》）天草市五和町御領《あまくさしいつわまちごりょう》に出没《しゅつぼつ》。道《みち》のまん中《なか》に横《よこ》たわる大《おお》きな雄牛《おうし》で、その上《うえ》をふんで行《い》かないと、また先《さき》の方《ほう》に出《で》てきて寝《ね》そべっている。

・**金ん主**（かねんぬし／熊本県《くまもとけん》）天草市倉岳町《あまくさしくらたけまち》でいう妖怪《ようかい》。大晦日《おおみそか》の夜《よる》、決《き》まった場所《ばしょ》に武士《ぶし》の姿《すがた》であらわれ、これと力《ちから》くらべをして勝《か》てば大金持《おおがねも》ちになるという。

・**塗り壁**（ぬりかべ／大分県《おおいたけん》）夜道《よみち》でいきなり前《まえ》が見《み》えなくなる現象《げんしょう》を、大分県《おおいたけん》では動物《どうぶつ》のしわざとして、狸《たぬき》の塗《ぬ》り壁《かべ》や、鼬《いたち》の塗《ぬ》り壁《かべ》といっていた。臼杵市《うすきし》では壁塗《かべぬ》りともいう。

・**とんとろ落ち**（とんとろおち／大分県《おおいたけん》）大分市坂ノ市《おおいたしさかのいち》でいうあやしい火《ひ》。狸《たぬき》が灯《とも》す火《ひ》とされ、まっ暗《くら》な嵐《あらし》の夜《よる》には、野原《のはら》に赤《あか》い火《ひ》がさまよい出《で》るという。

・**倉婆**（くらばば／宮崎県《みやざきけん》）東諸県郡《ひがしもろかたぐん》に出現《しゅつげん》。古《ふる》い家《いえ》の倉《くら》にいて、三度傘《さんどかさ》をかぶり、杖《つえ》を持《も》っている。

・**猫又**（ねこまた／宮崎県《みやざきけん》）体重《たいじゅう》が四《よん》キロくらいになった家猫《いえねこ》は、家《いえ》を出《で》て山《やま》にこもり、何年《なんねん》も修行《しゅぎょう》を積《つ》んで猫又《ねこまた》になる、といういい伝《つた》えが、新富町《しんとみちょう》にある。

・**ヒザマ**（鹿児島県《かごしまけん》）沖永良部島《おきのえらぶじま》でいう妖怪《ようかい》。ほほが赤《あか》く、胡麻塩色《ごましおいろ》の羽根《はね》を持《も》つ鶏《にわとり》のようで、桶《おけ》や瓶《かめ》など空《から》の容器《ようき》に宿《やど》る。ヒザマが宿《やど》る容器《ようき》があると、その家《いえ》は火事《かじ》になるという。

・**耳切豚**（みんきらうわ／鹿児島県《かごしまけん》）奄美大島《あまみおおしま》でいう妖怪《ようかい》。耳《みみ》の切《き》れた子豚《こぶた》のような姿《すがた》で、夜道《よみち》を歩《ある》く人《ひと》の股《また》の下《した》をくぐろうとする。くぐられた人《ひと》は魂《たましい》を抜《ぬ》かれてしまう。

・**遺念火**（いにんびー／沖縄県《おきなわけん》）浮《う》かばれない恋人《こいびと》どうしの霊《れい》が二《ふた》つの火《ひ》となり、特定《とくてい》の場所《ばしょ》にあらわれる。那覇市《なはし》の識名坂《しきなざか》によくあらわれた。

・**龕の精**（がんのせい／沖縄県《おきなわけん》）龕《がん》とは棺《ひつぎ》を運《はこ》ぶときに使《つか》う道具《どうぐ》。今帰仁村《なきじんそん》に出現《しゅつげん》した龕《がん》の精《せい》は、牛馬《ぎゅうば》に化《ば》けておどかしたり、死人《しにん》が出《で》る家《いえ》の前《まえ》でギーギーという音《おと》を立《た》てたりした。

村上健司（むらかみ　けんじ）
1968年、東京生まれ。全国の妖怪伝説地を訪ね歩くライター。世界妖怪協会、お化けの友会員。古典遊戯研究会紙舞会員。著書、編著書は、『妖怪事典』（毎日新聞社）、『怪しくゆかいな妖怪穴』（毎日新聞社）、『怪しくゆかいな妖怪穴2　妖怪百貨店別館』（毎日新聞社）、『日本妖怪散歩』（角川書店）、『日本妖怪大事典』（角川書店）、『妖怪探検図鑑』シリーズ全二巻（あかね書房）、『10分、おばけどき』シリーズ全三巻（あかね書房）など多数。

山口まさよし
長崎県生まれ。こどもの本を中心に物語挿絵の他、生き物・自然をテーマにイラストを制作している。おもな作品に「はっけんずかん どうぶつ」「はっけんずかん きょうりゅう」（学研）、「The Gift～女神の花アプロディア」（全日出版）、「ドン・ロドリゴの幸運」「はるかなる絆のバトン」（汐文社）、「おちばのプール」（子どもの未来社）などがある。日本児童出版美術家連盟会員。

もしものときの妖怪たいさくマニュアル
家や街にあらわれる妖怪たち

発行　2018年11月　初版第1刷発行

著　者　村上健司
絵　山口まさよし
発行者　小安宏幸
発行所　株式会社汐文社
東京都千代田区富士見1-6-1　〒102-0071
電話：03-6862-5200　FAX：03-6862-5202
URL：http://www.choubunsha.com
制　作　株式会社明昌堂
印　刷　新星社西川印刷株式会社
製　本　東京美術紙工協業組合

ISBN978-4-8113-2523-1　NDC387